識職場
認真
11

10歳から始める!
起業家になるための「7つのレッスン」

創業精神從10歲教起

創業老爸的7堂課,
教出能專注、會思考、有創意的孩子

船山哲
TETSU FUNAGAYAMA

林美琪/譯

商業界、親子教育界一致好評推薦

本書談論的都是創業背後最核心的本質，不僅是培養孩子創業精神的書，也是一本讓創業家重新思考檢視自己的書。

——許繼元　Mr.Market 市場先生／財經作家

創業精神所發揮的影響力，除了感染自己的小孩之外，也能夠幫助年輕的團隊成員點燃對生命的熱情。

——郭智超　Dr.Right 創辦人

聽話的孩子，只能有機會從A走到B，擁有創業精神的孩子，才有機會走到全世界的任何一個角落。

——紀坪　紀堡記帳士事務所負責人／專欄作家

創業這件事，原本在學校裡面就學不到，但隨著時代的發展，自由業者、創業正成為了必不可免的趨勢。如果可以讓孩子從小就學會並體驗「創業」這件事，長大後要創辦自己的事業將會變得容易很多。這正好是父母的責任——成為創業精神的教育者。而這本書將會給你提供一切有關於培養孩子創業者思維的方法。

——好葉　《一人公司的致富思維》作者

創新的新創是突破傳統體制的成長之道，本書讓你學習與孩子以創業者思維互動，更有助你發展人生的第二曲線。

——徐譽魁　電幻1號所前館長

如何將「有限時間轉換為無限金錢」，用自身從商的背影來引導出孩子的創業基因，請你一定要看看本書的精闢見解。

——李介閔　穩立造船廠總經理

目次

第三章 創業家培訓課程3……多讓孩子發揮想像力

第四章 創業家培訓課程4……多讓孩子體驗

前言

我帶兩個孩子去逛馬來西亞的夜市。

那種夜市，有點類似日本的廟會或慶典活動。

・烤肉串

・大阪燒

・各式冰品

・服飾

・玩具

攤商琳瑯滿目，什麼都賣，什麼都不奇怪。

見這光景，我問八歲的大兒子雷姆：

「要在這裡開店的話，你會開什麼店？」

雷姆回答：

「我會開一家很賺錢的店。」

「怎麼說?」

「你看,人這麼多啊!」

看來,我的話他聽進去了。

但半年前可不是這樣的,半年前雷姆還說:「賣沒人在賣的東西才會賺錢。」

而我告訴他:「沒人在賣的東西是賣不到錢的(沒有市場啊)。」

接著,我問他第二個問題。

「你覺得哪家店最賺錢?」

「我看是賣果汁的吧,很多人買。」

「那你要開果汁店嗎?」

「嗯,可是……」他接著說:

「那家果汁店的果汁普普,要是我,我會賣新鮮果汁。」

這句話,連我都嚇到了。

這表示，雷姆開始學會思考，他花錢買了強勁競爭對手的產品，然後看出他們的缺點，並且想出改善對策。

還沒完呢，雷姆繼續說：

「要是我的話，我會賣我們從前在泰國凱悅酒店喝到的那種新鮮果汁！」

看來，這小傢伙已經多少有點創業當老闆的頭腦了。

為什麼？因為雷姆說的新鮮果汁，不是現成的果汁，而是嚴選新鮮水果現打出來的果汁。

從商就是要這樣，一步一步去聯想相關事項。

因此，我總讓孩子在生活中多方體驗，種下創業、聯想的種子，但真的沒想到會以這種方式呈現成果。

這是日前我與孩子的一段對話，短短一分鐘而已。

相信你已發現到，這短短一分鐘的對話中，藏著許許多多學問。若你沒發現，表示你連這學問的邊都沒沾到。

這樣是不可能做好一門生意的，因此，我在這裡將箇中學問依序點出來。

1 挑選出會賺錢的店。

2 找出人潮絡繹不絕的排隊名店的共通點。

3 從自己實際掏錢購買的商品開始發想。

4 找出那些排隊名店（你的假想敵）的缺點（罩門）。

5 結合過往經驗，擬出改善對策。

化成文字依序列出後，相信你就能明白這一分鐘的對話有多厲害了。

或許你認為我在老王賣瓜，但就商業頭腦來看，我家雷姆說的完全正確。

你覺得這只是一段不經意的親子對話嗎？其實，這是我平常對孩子的訓練——將一名創業老闆的養成教育，點點滴滴灌輸進他們心中。

為什麼孩子還小我就要做這些？因為日本人根深柢固的常識，已經開始受到顛覆且逐漸不合時宜了。

終身雇用制、退職金廢止、年金制度延遲……

從前理所當然的事，這數十年間已然改變，開始淘汰了。

如果再用舊思維、舊方式面對，我們的下一代就會失去未來。

這種狀況，你受得了嗎？

我可受不了。

過去，只要考上好大學、進入好企業上班，便能保你一生安泰無虞。

但是，今後的時代，你若不能「自立」，連生存都有問題。

- **從政府的保護中自立**
- **從公司的保護中自立**

若沒年金就活不下去，算不上自立；若被公司炒魷魚，便開始為明天的日子發愁，那表示你一直躲在國家和公司的保護傘下，無法自力更生。

這是現實，然而，這數十年來，日本不再是往昔的日本，但我們的學校教育卻未跟上改變的腳步。

死背式教育、扣分式教育……拿高分就貼上優等生標籤，拿低分就貼上劣等生標籤。太多無法用分數評量的重要事項均被忽略了。

數十年來，日本的學校教育一成不變。

這是日本政府於二戰後研擬出來的學習方法，目的乃為培養出如機器人般整齊畫一的人，而非培養出有才華、有創意的人。

外國人認為這種填鴨式教育（死背式教育）是亞洲特有的教育模式，並且譏為無用的化石。

代表性案例就是大企業和銀行的破產倒閉。

日本人沿襲多年的「背多分」成功法則，已經徹底失靈了。

這種方式，遠遠跟不上全球化腳步，被全世界都在進行的創新革新狠狠甩在一邊。

再不從死背型轉換成思考型，只有死路一條。

因此，孩子還小我就帶他們出國，接觸國外教育，並由我親自教導創業家培訓課程。

本文開頭提到的那則例子，就是創業家教育的一環。

學校不會進行這類教育，都是身為創業家的父母，透過經驗分享來現身說法。不過，我觀察近年的日本現況，覺得若不好好教育絕大多數在上班族（受薪家庭）長大的孩子，日本的未來著實堪憂，因此我決定提筆寫這本書。

我本身在上班族家庭中長大，三十歲前毫無這種迫切感，因此壓根兒不知道自己無法自立。即便在年金制度已然崩壞的今日，很多人依然沒有「不及早自立自強，將來便淪為下流老人」的覺悟吧。

日本放送協會（ＮＨＫ）曾大幅探討這個話題，據說，目前陷入老年破產的人已經超過二百萬。

老年破產雖是眼下棘手的社會問題，但是，如果我們能夠教育出自立自強的下一代，未來便不致重蹈覆轍。

你也憂心這個問題嗎？若是，為了孩子的未來，為了日本的未來，誠摯希望你能透過本書，學習創業家思考（教育）。

這正是我想利用本書傳達的第一個訊息。

接下來，我會逐一且具體地說明方法，教導孩子如何於日常中思考、觀察，打造不依賴政府及公司也能自立自強的未來。

不過，由於這是學校及公司沒教的事，或許有人心生排斥，甚至反感。

這不意外。

大家多少都會抗拒全新的生活方式。

然而，你若不下決心改變，你的小孩便沒有未來。

身為父母，誰都無法坐視不管。

因為，孩子是父母的希望。

父母做不到的（得不到的），總希望孩子們能夠成就，正所謂「望子成龍、望女成鳳」。

為了讓我們的下一代有更多的可能、更光明的未來，請試著挑戰這種新生活方式。

既是為了你自己，也是為了孩子。

準備好了嗎？

勇敢踏出守護你及孩子未來的第一步吧！

第一章

創業家培訓課程 1

多讓孩子尋找「興趣」！

找出孩子廢寢忘食的「興趣」

開始創業的第一要務，就是找到能夠不辭辛勞拚命去做的「興趣」。

很多人缺乏這種眼光，只要被錄取就先進去再說、聽到會賺錢的行業就一股腦兒投入。

而該工作之所以付出再多努力也得不到回報，正因為它不是你的「興趣」。**你再怎麼拚命、再怎麼鑽研，都不可能戰勝從事「興趣」的人。從事「興趣」的人不會覺得自己「在工作」，而是認為在做自己喜歡做的事，錢自然跟著來。**

每當我這麼說，總有人質疑：「人家都說『興趣』不能當飯吃，有必要去探索『興趣』嗎？」

我向各位擔保，盡力去探索你的興趣吧！

的確，喜歡做生意卻賺不到錢（甚至虧損）的人不在少數。

那是因為他們只是喜歡做生意而已，卻在沒有市場（聚集競爭對手及顧客）的地方做起生意的緣故。只要眼光瞄準興趣與市場交集之處，便能盡情發揮興趣、專心投入買賣了。

起步階段沒必要想太多，請先關注市場並找到「興趣」。

起步後，很快你就會明白，做生意是一場與對手的「競爭」。以下A、B兩家商店，站在顧客的立場，你會跟哪一家買呢？

A店：老闆超喜歡這份工作，廢寢忘食都不嫌累。

B店：老闆看這行業好像有賺頭便一腳踏入，沒多久就發現自己比想像還要累，開始抱怨連連。

想也知道，大多數人應會選擇A店。因為A店老闆將「興趣」當成工作，讓客人感受到他的用心與努力，自然博得好感。

而B店老闆純粹為了賺錢而開業，患得患失地精打細算後，一旦覺得沒賺頭，肯定打退堂鼓。

當然，既然從商，哪有不考量利益的，不會有人連連虧損還不在乎。不過，態度很重要。態度是因為「興趣」？或是看在錢的分上？態度將大大影響公司的發展性。

若要從商，「興趣」兩字是最大要素。況且，它將影響公司成敗，因此必須在起步階段便確認自己是否有「興趣」。

孩子也是一樣的。

孩子越早發現自己的「興趣」，將來就越少吃苦，也不至於耍廢：「我沒什麼夢想，隨便到哪家公司上班都好。」

再也沒有比「興趣」更重要的事情了。**「興趣」才能打造孩子的未來，讓他樂在其中，同時財源滾滾來。**

身為父母，你的首要任務就是儘快找出讓孩子廢寢忘食的事，什麼都可以，然後支持他去做，做到他心滿意足為止。

此時，絕不要去打斷他們。若因為興趣玩得太晚而打斷他，等於打斷他們未來的可能性。孩子熱衷投入的事，就是未來開出燦爛花朵的「種子」。因此，如果孩子發現他「想做的事」，那麼當天就讓他好好去做吧，晚一點睡沒什麼，以一生來看，其中一天少睡幾個鐘頭只是芝麻蒜皮的小事，不會影響成長發育的。考量孩子的將來，這一天的時光多麼珍貴無比，父母應該溫馨呵護才對。

孩子累了自然會睡，不必父母在旁緊迫盯人。父母應以孩子熱衷的「樂趣」、「興趣」為優先。

找到能夠專注投入的事情，將來就穩當了

找到孩子的「興趣」後，接下來便是培養「專注力」。

我們不可能一天二十四小時，一年三百六十五天都集中精神。從大腦科學的觀點來看，人類的專注力時而「ＯＮ」時而「ＯＦＦ」，不可能隨時保持在

「ＯＮ」狀態。

既然專注力是「ＯＮ」和「ＯＦＦ」交互輪替，如果不刻意去維持在「ＯＮ」狀態，便無法進入「超專注狀態」。

這裡的重點是「超專注狀態」。憑感覺來說，如果平常的專注狀態是「一」，那麼一百倍的專注就是「超專注狀態」。

美國心理學家米哈里．契克森米哈伊（Mihaly Csikszentmihalyi）提出相關理論，稱此狀態為「進入心流（Flow）」、「進入化境（Zone）」。

容我舉例說明一下。當職業高爾夫球選手揮桿那一瞬，觀眾的歡呼聲、蟲鳴鳥叫聲、風吹草動聲等一概充耳未聞，眼中只有獎盃，就是進入超越時空的「超專注狀態」。

有人會說：「一般人有必要進入這種『超專注狀態』嗎？」但是，顧及孩子的未來，你便知道這是個蠢問題。

只要能夠進入「超專注狀態」，不論做什麼皆可望成為業界第一。

還有人會說：「要成為業界第一，肯定需要才華、能力吧，我家小孩一般般……」

別忘了，天才發明家愛迪生告訴我們：「成功是一分天才，加上九十九分努力。」

換句話說，一個正活躍於業界、發光發熱的人，只要更加努力，前途將無可限量。這裡的重點是，心不在焉地做事，與處在「超專注狀態」下做事，意義絕對大不同，可能性也是天差地遠。關鍵就在能否進入「超專注狀態」。

創業後，我便與這種「超專注狀態」為伍，隨時投入商務中。我一個人一年就能賺進數億日圓，獲利是別人的好幾倍。

寫書也一樣，我一周能寫出一本書，「高效能作家」當之無愧。

人們常說：「天啊，你是超人嗎？」不，我是個極普通的人。但是，我能與「超專注狀態」為伍，嫻熟地運用它當武器，因此即便平時我是凡人一枚，進入「超專注狀態」後，就秒變超人了。

這就是「超專注狀態」帶來的效果。

只要知道進入「超專注狀態」的方法，不但人人都做得到，還能對你孩子的未來產生莫大影響。

要是不知道方法、不得其門而入，就無法善用這項武器了。因此，以下我要介紹進入「超專注狀態」的具體方法。

進入「超專注狀態」之前，還有一項要務，就是打造容易進入「超專注狀態」的體質。只要調整好體質，後面就簡單了，一鍵按下，立馬進入「超專注狀態」。

能不能進入「超專注狀態」，就看能不能打造出適當的體質。如何打造呢？祕密就藏在孩子的「入迷」中。

孩子非常單純，喜歡就喜歡，不喜歡就不喜歡。

因此，他們不是為了「入迷」而做某事，而是做了有趣的事自然就會「入迷」。「做有趣的事→入迷」習慣，能夠建立一個開關，隨時進入「超專注狀態」。

有育兒經驗的人應能理解，只要孩子覺得好玩，那種「入迷」程度實在超乎大人想像。

譬如玩樂高積木，有時他們可以默默玩數個小時，一心一意只想組合完成。**這表示，面對有興趣的事物時，孩子投入的能量非比尋常，但重點是，父母能否提供良好的環境，不去阻礙孩子的專注力。**

打造進入「超專注狀態」體質的祕密就在這裡。當孩子玩得正起勁，心無旁鶩地享受**樂趣**時，本應欣喜的父母，卻因偏見而阻礙孩子的發展性，那就無未來可言了。

父母的教育及習慣，深深影響孩子的未來。因此，當孩子玩得「入迷」時，不論有何理由，父母都不該打斷。

這時候打斷他們，會培養出一個無法發揮「超專注狀態」的人、凡事皆無法持之以恆的人。

即便能夠進入「超專注狀態」，被打斷後該開關也會立刻「ＯＦＦ」，返回欠缺專注力的日常。

這樣下去，孩子就會跟大多數人一樣，即便在不得不專注的重要場合，也無法持續專注而讓機會白白溜走。反之，如果能在小時候就培養出進入「超專注狀態」的體質，開關便能瞬間啟動，並且長時間保持在「ＯＮ」狀態。

孩子並非無法專注，只是覺得無聊罷了

常常聽人談起：「我家小孩都沒辦法專心……」其實，沒有孩子是無法專心的，他們很單純，很容易對各種事物抱持好奇心。

之所以無法將好奇心直接展現出來，通常不是因為無聊，就是被大人制止了。

「日本的學校教育」便是典型案例。

不必我多說，所有日本人都有共鳴才對，日本的教育方式太無聊了。

小朋友當然受不了而對課業失去興趣。

那麼，該怎麼做才能吸引孩子，讓孩子對學習感到「快樂」呢？

答案很簡單。**找出能抓住孩子心思的事，讓他們全心投入即可。**

若能把握這個觀點，就不會煩惱孩子不能專心了。

孩子對某件事有興趣時，即便父母三令五申：「不要再玩了！」也不會就此作罷，搞不好還會玩個通宵達旦，或是乾脆瞞著父母偷偷玩。

有人說：「對對對，我家孩子就是整天打電動，真傷腦筋。」身為父母應該都心有戚戚焉，為此傷透腦筋的人肯定不少。但其實，這裡藏著學習的祕訣，或說保持專注力的祕訣。

什麼祕訣？就是潛藏於電動遊戲中的「中毒性」，叫人玩上癮。只要研究電動遊戲和手機，會發現裡面布滿各式各樣的「機關」。**有別於現今的學校教育，電動遊戲和手機所提供的內容，基本上是從商業角度出發，時時在與對手進行激烈的競爭。**

反觀今日的學校教育，因為不愛競爭，於是不會進步。在這種教育之下，怎麼可能衝破時代巨浪？

然而，注意到這個事實的人，少之又少。有大半的日本人都是上班族（受薪階級），根本沒在思考如何創業、累積財富。

而注意到這個事實的人，幾乎為零。為什麼？因為上班族生活相對穩定，即便不喜歡目前的工作，也不願意從舒適圈跨出一步，積極創業。

因此，多數人是邊抱怨邊當公司的奴隸，即所謂的「社畜」，無法脫離以「安定」為名的公司牢籠。

話說回來，若搞不清楚工作與從商的差別，不可能找出解決之道。我對這兩者的定義是：

工作是從事公司所指定的業務，然後以領薪水的方式獲得報酬。從商是創造出對顧客有價值的東西，以等價交換的方式獲得報酬。

工作和從商完全是兩回事。

多數日本人選擇獲取年收一千萬圓（受薪家庭）的生活方式，然而，被公司綁定工作，等於失去自由。

不用我多說，相信你已深切體認，用時間與勞力來等價交換報酬的日子，正一天一天逼近終點。

明白這點後，我們再看之前提到的學校教育，可以說，學校的老師，在某個意義上，只是受雇於教育部的作業員。

沒有自己的主張，怎麼可能改變教育？因此，很多老師明知日本教育「行不通」，卻無能為力。

在這種情況下，日本教育要改變，最快也是三十年後。

那麼，我們來看看國外的教育吧。

最近有句話很紅：「美國父母培養經營者，日本父母培養勞動者。」顯然這是觀察到日美兩國文化差異所得出的感言。在夏威夷創業，經營美容沙龍等五種事業的艾格德．千惠子女士說：「日本的金錢教育落後十年。」她認為根本性差

異在於：「日本人認為金錢是別人給的，但美國人認為金錢是自己賺的。美國的小學教育都會透過遊戲方式，教導孩子如何從商獲利。」（摘自《経営者を育てるアメリカの親、労働者を育てる日本の親》〔培養經營者的美國父母、培養勞動者的日本父母〕）

我想，國外上班族人數本來就少，也是一大因素，無論如何，他們知道，只會聽命行事的人，在商場上就是個累贅。

因此，國外教育是從小就教孩子如何跟上社會的腳步。

對外在世界一無所知的日本人，可能無法想像，我就舉個例子說明吧。在美國，每到夏天，小朋友就會上街兜售自製檸檬汁，賺取零用錢。

姑且不論這件事本身好壞與否，我要強調的是，對人生目標的看法不同，便會產生如此差異。

日本教育：培養出能夠聽命行事的上班族。

國外教育：培養出能夠創造普世價值的創業家。

目標不同，自然大大影響了學校教育。不過，我要說，時代已經變了，日本人長久以來的認知也大不同了。

有別於日本還是經濟大國的時代，現今，在日本，只聽命行事的人會被識為無能，毫無主見的人會被看扁。

這種人到國外去，只會更慘。

這樣下去，日本幾乎上不了世界的競爭舞台。

讓孩子多多接觸，直到找出足以全心投入的「興趣」為止

即便站在父母的立場考量，理解他們的難處後，也不能將孩子的教育完全交給學校。

父母責無旁貸，況且，從各國創業家教育的觀點來看，也不容許這樣做。

「應由誰來主導孩子的教育呢？」就我所知，國外教育與日本教育的最大差異就在這裡，而且影響甚鉅。

多數日本人認為應由學校主導孩子的教育，父母則是從旁協助。相反地，國外認為應由父母主導孩子的教育，學校則扮演輔佐角色。

為什麼外國人會這樣認為呢？**因為他們根本沒有當上班族的念頭，一開始便以創業為目標，因此大眾咸認主導孩子教育的不是學校，是父母。**

有個例子可以佐證：創業家一定把孩子帶在身邊。不論在商務現場或私人聚會，創業家都把孩子帶在身邊，讓他們目睹父母於公於私的身影。

他們認為，要培養孩子的創業精神，就要把他們帶在身邊學習，這是最花時間且最重要的教育方式。

父母以孩子的未來為優先考量乃天經地義，他們還認為**找出孩子成長的種子，即「興趣」，也是父母的責任。**

外國人相當重視家庭生活，他們會為了開發孩子的潛能，精心安排各種活動，不斷提供選項。

因為孩子對外面世界一無所悉。

若是父母不提供選項，孩子根本無從對未來做出選擇，即便問他：「你的夢想是什麼？」他也無法給出明確的回答。

問題不在無法回答的孩子身上，而在沒有提示選項的父母身上。話雖如此，父母也不能強行灌輸自己的想法，而是放下好惡，陪孩子多方觀察、多方體驗，一起找出可以全心投入的**興趣**。

無須心急。沒有人能立即找到興趣。就連大人，找不到興趣者亦茫茫不計其數。

重點是，提供各式各樣的選項，讓孩子找出自己的最愛。

因此，能否培養出創業家精神，關鍵就在父母能不能提供更多選項，讓孩子有更多不同體驗。

如果父母只會大喊「做不到」而推給學校，就是一大錯誤。這種行為無非推諉卸責罷了。

可憐的是孩子啊。為了孩子光明的未來，請確實負起責任，提供多樣化的選項，讓孩子盡情觀察及體驗。

電玩非壞事，從商就和打電動一樣

或許很多人擔心：「我家孩子超沉迷電動，怎麼辦？我還有機會和他一起探索未來嗎？」容我從創業家的觀點來說句公道話，電動絕非壞事。

確實，整天打電動有損視力，但電動帶來的好處比你想像的多。

特別是近年來，有別於以往，網路世界的溝通能力受到重視，而這種能力比直接面對面更講究技巧。

在電子郵件等二次元世界中，溝通有時是單向進行的，而且，從文字往往看不出情緒起伏，只要出點差錯，便有可能瞬間搞砸關係。

就這點而言，實際面對面的溝通相對簡單。

很多人認為：「要是對方生氣就見個面再說，見面三分情嘛。」沒錯，見面後，心中的疙瘩便一掃而空了。

因此，出生於非數位時代的人會傾向見面溝通。但是，出生於數位時代的人（從小就使用智慧手機的人）可不這麼想。

他們認為「見面＝沒效率」，甚至討厭見面溝通事情。

日本企業過去盛行的「飲酒溝通」便是典型例子。如今已不太看得到上司硬找下屬去喝酒談事情的狀況了，對成長於新文化的新世代而言，上司要是這麼幹，準被控告職權騷擾。

聽我這麼說，昭和世代的父輩或許要眼眶泛淚地感歎世道艱難，然而，再多的緬懷也無法重回往日時光，時代已經變了，對這批新世代灌輸過去的文化、叨絮自己的價值觀，只會招白眼、惹人嫌罷了。

那麼，該怎麼做才能順應與時俱進的文化、樂於改變呢？很簡單，就是**打開**

心胸，抱持「電動並非壞事，而是一種學習工具」的態度。

若能如此，就不會認定電動＝仇敵，而會把它當成是了解新世代的教科書。

這下也許有人會說：「那是因為你喜歡打電動，所以對我們洗腦。」請容我言明在先，我既不打電動，也不覺得打電動有什麼好玩。

我之所以推薦，原因是商業世界與電動世界極為相似。然而，在電動世界賭錢會觸犯賭博罪，但是，在商業世界可以正大光明地用錢，而且想到投資下去的本錢會翻好幾倍回收，便能體驗到無上的刺激。這和打電動得分的獎勵是相似的。

基於這個理由，我希望我的孩子打電動，並透過電動遊戲獲知從商的樂趣。

電動其實能提供各式各樣的學習機會。這裡的重點是，勿憑眼前所見就下判斷，應一併考量孩子的未來。

看看妳的老公，或是看看為家計而辛苦兼差的老婆，你就明白了。

看到老公一整天都在工作打電腦的模樣，你有何感想？

我想大部分人都會心生感恩：「他那麼拚，就是為了讓我們全家過好日子。」

電腦只是工具罷了。

所以，要看一個人利用電腦做了什麼事，才能斷定他是在工作，或是在玩樂。

因此，不分青紅皂白就說小孩不該沉迷於電動，太短視了。

電腦也好、電動也好，不過是一種機器、一種提升效率的工具。若不能及早領悟到這點，不可能守護孩子的未來。

關鍵不在玩不玩電腦、打不打電動，你要看重的是專注力——一天中專注於電腦的時間有多長。

一如前述，電腦和電動只是工具，差別只在畫面呈現的是工作或遊戲罷了。如果你將眼光放遠，連同孩子日後的創業也一併放入視野，你會明白，由於商業世界就是真實版的遊戲，孩子趁現在多多獲得闖關成功、贏得勝利的體驗，將來要創業成功就簡單多了。

再說，遊戲只是遊戲，輸了也不會虧錢，不會破產。還有什麼比這更好的練習機會呢？

因此，不要光憑眼前景象便一口斷定它不好，請想想孩子的將來，或許他還有上班族以外的出路。

如此轉念後，孩子正在玩的電動遊戲，也會變成一種了不起的培訓工具。

第二章

創業家培訓課程 2

多讓孩子看見你的背影

別把創業教育丟給學校！自己的孩子自己教！

日本教育方式為何無法通行於全世界，我想，各國企業訂單流向中國一事，造成莫大的影響。

大約十年前，「made in China」表示該商品粗製濫造，沒兩下就壞掉，但今天不一樣了，許多中國製的高品質、耐用商品，已經在全世界賣翻。

為什麼中國製商品能在幾年內迅速提升品質呢？

因為全世界的資金都流向中國了。

原因很簡單，日本做得太過火了。泡沫經濟時代，日本人大量收購美國的黃金地段，咬住美國，這件事一開始就是個錯誤。

想當然，後果就是被榨乾，日本完了。泡沫破裂至今約二十年。世界各國對日本的看法依然沒變，不見復甦的曙光。

我們看好萊塢電影就知道，亞洲人名額已被中國人搶光，日本人鮮少有出線機會。可見美國人多氣日本人。

今天，日本仍在美國的保護傘下，還沒被完全拋棄，但是，美國將自由經濟引入日本，於是由政府向大企業下單，再由包商承攬作業的模式，已經徹底崩壞。

也因此，日本行之多年的成功法則再也不適用了。

終身雇用制的瓦解、年功序列制（譯注：日本企業特有之論資排輩制度）的廢止、屆齡退休制的導入等，過去大企業對員工的承諾已然走入歷史。

當然，事已至此，學校教育怎能不做改變呢？

過去，只要培養出乖乖聽命行事的「機器人」即可，而今，「官員向大企業、大企業向承包商下指令」這種上意下達的制度已經崩壞，再不培養出能自行思考、創造價值的人才，日本就沒有未來。

如今，我們迫切需要的是，由父母擔當重責大任的創業家教育。

日本正在求新求變。熟悉網路世界的新世代輩出，認為非進大企業不可的人減少，越來越多人不進入企業，選擇當一名自由工作者。

這麼一來，學校長年沿襲的死背教育，自然行不通了。

今後，我們不僅需要更多自由工作者，也需要能夠自由發想並創造出價值的人才，否則，無未來可言。

此外，新世代的想法也大不同了。現在的孩子很早就接觸並熟悉網路世界，透過虛擬世界的體驗來理解真實世界。

有一項調查結果可說明這點：針對未來想從事的職業排行榜中，網紅、YouTuber 等大異於前，且不隸屬企業的職業占據前幾名。

可見，想進入大企業的只有父母而已，在孩子的想法中，進入大企業或當個體戶根本沒差。

大企業不再是孩子的夢想了，在他們的世界裡，有更多又帥又酷的工作。

今後的時代不是大企業獨占鰲頭，而是個人活躍的時代。無論如何，孩子的未來都繫在身為父母的你身上。

自由工作者的現況

廣義的自由工作者中，從事副業（包含不區分主業、副業的勞動者）的人數為 744 萬人，經濟規模達到近 8 兆日圓（7 兆 8280 億日圓），預估這種趨勢將持續增加。

以接案為主的斜槓人數正在成長中，不少人原先是上班族，後來經營副業有成便離職創業。至於副業內容，除了接待客人、例行性作業外，銷售等商業類工作超過半數。

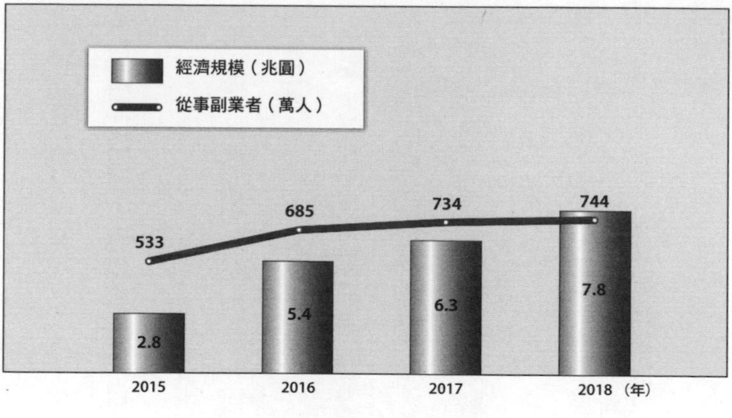

資料來源：「Lancers」公司所進行之「自由工作者實況調查」（2015 年 3 月／ 2016 年 2 月／ 2017 年 2 月／ 2018 年 2 月），該數字為「利用主業空檔從事副業者」、「從事複數工作的斜槓工作者」兩項之合計。

夢想催生出未來的老闆

在孩子心目中，父母的地位無可取代。

好壞都將產生莫大的影響。

有個很好的例子足以說明。

請問，幼兒為什麼知道可以用自己的雙腳「站起來」呢？

有人早一點，有人晚一點，大多數的幼兒都是在一歲左右開始扶著牆壁站起來，即便父母並未要求。

這裡藏著一個祕密，與本篇的主題相應。

如果父母有具體地教導幼兒如何站立，那還說得通，但大部分的父母在這時候都還沒開始教站立、走路。

儘管如此，幼兒依然會自己想辦法站起來，跌倒痛哭後，依然再接再厲。

這是為什麼？

答案很簡單。他們看到父母站立的身影，自然想要站起來。因此，即便父母沒教，小小的幼兒也會自己企圖站立。

這種情況不只站立一事而已。

孩子是看著父母的背影長大，從中學習各種常識。

不過，可怕之處在於，孩子學習到什麼樣的常識，大大左右他的未來。小偷父母所教養的小孩，會認為偷竊很正常，反之，經常當義工的父母所教養的小孩，會認為當義工是正義且驕傲的事。

對比這兩種極端的例子，相信大家都會追求當義工的生活方式吧，然而，不能一概而論。

關於當義工這件事，日本人的想法與外國人的想法存在著偌大歧異。日本人多半認為當義工是甘願做、歡喜受，完全不支薪；但國外不同，外國人當義工可以獲得報酬，此外，隸屬日本外務省的「國際協力機構」（JICA）等，也會給付義工各項津貼。

如果不了解實情，而在孩子腦中深植「義工＝無償」的印象，孩子就會背離普世的常識而不敢當義工了。

為什麼日本人會有這種根深柢固的奇怪想法呢？我想，應該是日本人普遍有「自我犧牲為美德」的錯誤思想吧。

肯定有人反駁：「無償義助他人，何錯之有？」重點不在不能當義工，而是不該讓孩子看見父母不顧家庭地投入義工之列，最後導致家境困頓的背影。

為人父母，誰不為孩子的幸福著想？誰會對孩子的貧窮無動於衷？誰不希望孩子過富裕的生活？

因此，不該以幫助他人幸福為擋箭牌，將自己的貧窮正當化，然後讓孩子看見這樣扭曲的生活方式。

為什麼？因為孩子會將父母說過的話自行聯想，並當成人生指南。

義工＝散播歡樂的救世主＝即便貧窮也不能抱怨＝爸媽就是這麼教的＝因此，我也要當義工

孩子會這麼聯想，原因就跟之前提及幼兒會自己站起來的例子一樣，孩子以父母為標竿，不論好壞都會耳濡目染地接受下來。

姑且不論正確與否，如果你想當義工，請先把自己的生活照顧好，讓家人幸福後，行有餘力再去幫助人。否則，只會搞得家人很痛苦。在國外，這種想法是很正常的，他們不會為了助人而不惜犧牲自己。

首先，你得先把自己照顧好，然後去照顧家人、朋友、認識的人、世上的人，先後有序，才能讓所有人皆幸福。

因此，你該做的事情，是讓自己的成功身影展現在孩子面前。

再怎麼粉飾、歌頌，貧窮都不可能成為夢想。讓孩子看見你賺錢、花錢的快樂，不但會成為孩子的夢想，也會成為他的常識。請讓孩子感受到自己創業、自己賺錢的快樂，不要甘於領死薪水。這樣的背影，將催生出未來的創業家。

方法其次，請先點燃欲望之火

下一步，**你要展現出一種能讓孩子興致勃勃的生活方式。**

為什麼「興致勃勃」如此重要？因為這種情緒容易勾勒夢想，並對心理產生偌大的影響。

近年來，我們的孩子變得沒有夢想，也跟這點脫不了關係，而這也是後來誕生所謂「寬鬆世代」（一九八七年四月二日至二〇〇四年四月一日）、「達觀世代」（二〇〇五年四月一日至今）的原因。

很多人知道「巴夫洛夫的狗」實驗，但你知道嗎？這個實驗其實還有「後續」。

我先為沒聽過這項實驗的人簡單說明一下。這項實驗又名「條件反射」，是俄羅斯心理學家伊凡．巴夫洛夫的重要發現。

內容相當簡單。在給狗飼料之前先按鈴，久而久之，狗就會認為「鈴聲＝飼料」，聽到鈴聲便垂涎三尺。

到這裡，大部分人應該都聽過，我就不再多說了，接下來才是我的主題。學者也對小白鼠進行類似的實驗*，他們對小白鼠施以電擊，然後將恐懼程度化為數值。

到這裡，結果與「巴夫洛夫的狗」實驗相同，但這項實驗還有後續（正題）。博士對受過電擊的母鼠所生下的小鼠，照射一種同電擊一樣的光（只有光而已，不會電擊），照射光的那一瞬間，竟然偵測到小鼠的恐懼數值。博士驚訝之餘，再對其他未接受實驗的小白鼠進行一模一樣的光射測示，但偵測不出恐懼數值。

從這些實驗，我們可以明白一件事。

*美國密西根大學雅茨克．戴別克（Jacek Debiec）博士於《美國國家科學院論文集刊》（PNAS）發表的一項實驗結果，證明恐懼體驗與心理創傷會遺傳下一代。戴別克博士讓母鼠邊接受輕微的電擊邊嗅聞薄荷的香氣，結果這項體驗形成心理創傷，母鼠生下來的小鼠也有同母親一樣的恐懼心理。

母親的經驗會透過細胞遺傳給小孩。而這就是現在孩子沒有夢想的原因。泡沫經濟破滅後，日本人把節儉度日視為當然。每家公司都是業績低迷，沒有加薪只有減薪，更別說分紅獎金了，即便是正式職員，很多人過的生活簡直跟派遣員工沒兩樣。

於是，結了婚、生了孩子，日本母親依然視奢侈為大敵，只有繼續奉行克勤克儉的準則。

結果，母親的刻苦透過細胞遺傳給下一代，日本便冒出一大堆沒有夢想的孩子。這些孩子就是今天日本社會催生出來的「寬鬆世代」、「達觀世代」。

或許你會覺得這些人好可憐，但他們不會覺得不幸，反而覺得理所當然，因為他們根本不懂奢侈的意義。

他們天生遺傳了刻苦的細胞，自然不覺得自己是在刻苦過生活。

因此，從中高年人的眼光來看，現在的年輕人沒有企圖心、沒有欲望，但其實不是這樣的。

他們並非沒有欲望，而是他們的父母總是刻苦、隱忍，才會生出帶有這些基因而沒有夢想的孩子。

當然，除了這個原因之外，智慧手機登場，於是大家變得以效率為先、化繁為簡，不過，這終究只能算是生活習慣中的一環，多少有影響，非主要因素。

而根植於細胞（基因）的記憶、體驗，若是無法徹底改變，不難想像日本未來的發展只會每況愈下。

細胞對人類的影響何其大！

話說回來，我們不可能改變細胞，因此能做的事情只有一件。

從今天起，我們要選擇不刻苦、不隱忍的生活方式，盡情地享受人生。因為，孩子是看著父母背影長大的。如果父母老是在各種不順遂中百般忍耐，孩子耳濡目染後，怎麼會對未來懷抱夢想？反之，孩子若經常看見父母勇往直前的背影，父母不必說，孩子自然會滿懷夢想。

因此，你最該做的事，就是讓自己發光發熱吧，讓這樣的背影造就出孩子的未來。

用背影訴說什麼是正確又有價值的事

世事沒有對與不對。

全部都對。

「殺人不對」的想法在日本是正解，但處在戰爭中的國家，殺人也是「對」的。

我想說的是，即便是絕不贊同的「缺德」事，隨時代、狀況、環境的變遷等，世間的是非善惡也不無改變的可能。

舉個極端的例子，只要出了日本國門，在日本對的事，在國外變成錯的，在國外對的事，在日本不被容許，這種事情太多了。

不了解這種狀況而固執己見的人，只能說是老頑固。

有時，不改變想法，不強迫自己改舷易轍，便可能把自己逼入絕境。

舉例說明。

這是發生在最近新冠肺炎疫情中的實際案例。有位酒吧老闆早早察覺到疫情之凶險而決定暫停營業。但是，孤家寡人一個還好，他有員工要養，有租金要繳，每天都要有收入才行。

這位老闆想出一個好點子——製作並販賣「手工口罩」。

當時無法充分進貨，他便利用碎布，創作出設計感十足的口罩，意外地大熱銷。最後，所有酒吧員工一起投入，口罩業績蒸蒸日上。原本賣口罩只是權宜之計，沒想到竟然熱銷到足以養活酒吧所有員工。

這就是絕處逢生。**困境考驗一個人的真本事**。

儘管經營酒吧多年，但是，如果不知變通地硬撐下去，恐怕所有員工都要喝西北風了。

這位老闆發揮先見之明，及時抓住新希望，並幫助了許許多多買不到口罩的人。

這個例子可以讓我們舉一反三，明白父母於日常生活中教導孩子的價值觀——什麼才是人生正解——有多麼重要，或許多數人會從經驗去認定是非對錯，但事實告訴我們，真正的成功者是「窮則變，變則通，通則達」。

從法律面來看也是如此。包含契約在內，世上許多既定的條文、規則，都是知所變通的人訂立的。墨守成規的人只會走到窮途末路。

所謂的「企業規範」便是典型例子。

企業規範是以約束職員為目的，不是用來給職員自由的。

不過，如果你自己開公司，那就不一樣了。

你可以採取對自己有利的方式訂下所有規範，不喜歡的就排除，要求員工遵守你訂下的內規。

這就是自己開公司的特權（好處）。

不過，我們不可能沒有依據、想法就訂出規範。因此，身為父母的你，若能將自己確信的是非、價值觀教給孩子，孩子便能順利走上正確之道。

我要再次強調，父母要懂得用背影說話、用背影示範。

父母的背影就是孩子的人生指南。為了將正確之道傳承給孩子，請你用心實踐，活出不受他人約束的自在生活。

這樣的身影，將影響孩子的未來，也必會產生幸福的結果。

讓孩子在日常中耳濡目染，種下成為創業家的種子

話說回來，改變長年積習談何容易，必得有「吃苦當吃補」的覺悟才行。

那麼，究竟如何才能導正積習，活出豐富精彩的人生呢？

那就是：**父母擬出規範，花時間耐心地對孩子諄諄教誨、循循善誘。**

引導孩子奠定良好習慣的祕訣就藏在這裡。

父母是孩子的一切，父母認為正確的，孩子就認為正確，反之亦然。

孩子毫無商務經驗，自然沒有判斷基準，於是父母說的話便成為判斷的準

繩。

如果你侷限於上班族思考，例如目標是年收入一千萬日圓，然後將這種價值觀灌輸給孩子，那麼，你的孩子就離創業家人生越來越遠了。

聽我這麼說，以年收入一千萬日圓為目標的上班族或許不服氣，但我真的要說，一千萬日圓沒啥了不起。你將時間和勞力賣給公司，這樣的回報一點都不多，你只是拿公司死薪水的人。

因此，我在七年前決定辭掉上班族工作，走上不被年收入一千萬日圓套牢的人生大道。

這就是創造出今天的我的創業家人生。

身為人父，我絲毫不願教孩子那種年收入才一千萬日圓就滿意的生活方式。將最重要的生命（壽命）賣給公司，這種生活方式和上班族沒兩樣。

每到周一就得擠進彷彿塞滿沙丁魚的電車，在數十年不變的路線中持續搖晃。

到公司後，還要在愚蠢的上司下面邊工作邊抱怨，好不容易放假了，也得因輪班制的關係在家隨時待命。這種方式不僅無自由可言，也活不出屬於自己的人生。

這樣的生活還頂多一年只能賺一千萬日圓，到底為誰辛苦為誰忙啊？

將孩子的未來設限於年收一千萬日圓，未免太便宜了，這點你應該最清楚才對。

光靠上班族薪水根本無法滿足生活。而這樣的人，正在鼓勵孩子過這樣的生活。

讓孩子千辛萬苦擠進名校，再到大企業上班，最後，走上目標為年收一千萬日圓的人生，結束。

這樣，真的幸福嗎？

如果人生得以重來，你想再走同樣的路嗎？

我才不要，這種人生太無聊了。

更不用說，我絕對不要我的孩子當個上班族。

這是我比較了十年上班族人生與今日創業家人生後，得出的結論。

當然，創業家人生很辛苦，有時責任與壓力都比之前大上好幾倍。但是，相對地，也能獲得大上數十倍、數百倍的快樂，因此，我還要繼續享受我的創業家人生。

這就是兩者最大的差異。

上班族泰半都有法定退休年齡，但創業家、經營者在某個意義上無所謂退休，亦即退休與否操之在我。七十歲也好，八十歲也好，一百歲也好，只要還想做，就能活到老做到老。

退休在家無所事事，餘生落得終日抱怨無聊、變成電視老人，這樣的日子真難熬，簡直是地獄。

與其這樣，只要體力還行，不如投入有興趣的工作才幸福。

我們可以看到，許多公司老闆超過六十五歲都還在堅守崗位，他們看待工作的方式、從中獲得的樂趣，是上班族無法體會的。

這是自己創業的創業家才有的充實人生。不過，這種人生思考非一朝一夕可得，因此，請你於日常生活中多對孩子循循善誘，讓他們明白當創業家的好處。你的努力，將會打造出孩子的美好未來。

第三章

創業家培訓課程 3

多讓孩子發揮想像力

先別急著教，做給孩子看才是教育的第一步

指導我從商的老師告訴我：**「真正的教育不是口頭指導，而是具體改變對方的行為。」**

的確，回顧過往，我發現我的人生轉捩點不是在接受指導的那一刻，而是從我改變行為開始。

不過，知易行難啊，因為你要改變的不是你個人的行為，而是對方的行為。改變對方的行為才可能改變對方的人生，而且，若不能讓對方生起奇蹟式的感動，往往無法撼動其志。

但也別灰心，還是有計可施。

撼動對方的最佳教育方法，有三個步驟。

只要知道這三個步驟，對方的行為就會改變而看到成果，身為指導者的你也能獲得成就感。

如果你曾經指導過人，哪怕僅有一次，定能體會這種成就感。當對方做出成果時，你不但與有榮焉，還會獲得對方的感謝。因此，如果你是指導者，不論是對方是你的小孩或下屬，你應該明白，「指導≠教育」，唯有「改變對方的行為＝真正的教育」，才能達成願望。

因此，你得依三個步驟進行。

1.示範↓2.指導↓3.糾正

我們一個一個討論下去。

說到教育，很多人會不管三七二十一地開始指導起來，但這是最該避免的。為什麼？因為我們是要引導對方到一個他從見未過的未知世界，如果突然說教就教，對方的腦袋應該轉不過來，造成指導者與受教者之間的想像出現落差。

日本的「學校教育」便是典型案例。

即便老師公平施教，有教無類，卻因注重齊頭式教育而未能因材施教，導致學生的成績出現大落差。

不能體認到學生的多元性而有多元的起跑線，只施以齊頭式平等教育，難怪學生的表現落差越來越大。

解決這個問題的方法就是**「示範」**。

前一章提過，父母親展示的背影，將決定孩子的未來。凡事都一樣，沒有示範，無從想像。

小孩如此，大人亦然。

剛進公司的菜鳥，第一件事就是跟著前輩出去見習，觀察前輩如何工作。在前輩的指導下不斷做中學，才能獨當一面。

結果就是，人人皆能平等地學習工作，甚至有人一年後便能夠帶領新人了。

大人也一樣，先看別人「示範」後，接下來的指導往往一點就通。很多人都有這樣的經驗才對。

因此，**進行指導之前，請先「示範」。這點相當重要，請務必確實做到。**

其次是**「指導」**。

這時該做的，不是從零開始教，而是針對之前的示範過程逐一說明。

原因是，雖然「示範」的效果非常大，但如果時間太短、僅示範片段而已，則無法看清來龍去脈，容易忽略重要細節。

「示範」非常重要，必須花時間確實做好。

只要示範得好，下一步「指導」（解說部分）自然能順利進行。

最後一個步驟就是「修正」。

為什麼需要這個步驟？因為「示範」、「指導」之後，還是可能產生小小的誤差、誤解。

因此須透過「修正」來調整。

完成此步驟後，誤差已被徹底修正，對方便能百分百接受到你要傳達的訊息。

十次才成功一次，當然要示範一百次

實現真正教育的三個步驟中，最重要也最費時的就是「示範」。很多人不知道該示範到什麼程度，我提出一個指標吧：至少示範一百次。

「什麼？一百次！」沒錯，任何領域都一樣，要在其中大顯身手、出類拔萃，就要正式「拜師學藝」，並有賭上一生的覺悟。

直到今天，不僅職人的世界，其他如運動世界、藝能界等，依然有師徒制度存在。商業圈、政治圈也一樣，很多人都是從「祕書」、「助理」開始跟在老闆身邊學習。其實不只日本，德國、英國也都有培養專業人才的師徒制度，特別是德國，不經過師徒制的磨練，不可能習得一技在身。換句話說，雙軌並行，在校以聽講為主，其餘則跟著前輩學習。

以學習期間來看，一百次算短的，一天觀察一次，也花不到半年時間。

只要不斷重複「觀察」別人的「示範」，就能逐漸更新自己的常識，確立新標準。

重點是，不論再優秀的人，至少都得「觀察」十次以上。學過英語的人就知道了，沒有別的訣竅，唯有仔細聆聽老師的發音十次以上，才終於能夠正確發音。

同樣地，對於全新領域，最少也得十次才能養成「觀察」的習慣，**而要把本領真正學到家，最少得「觀察」一百次。如此琢磨砥礪，才能坐上創業家的圓桌。**

除非你是天才，否則別想跳過這個過程直接取得新技能。一事無成，痛苦的還是自己，因此，如果你嫌自己沒能力、沒腦筋，就好好跟緊老師，好好「觀察」他的每一個動作、視線，以及體貼別人的用心等，不遺漏任何細節。反覆「觀察」，能夠讓你遙遙領先，進入對手望塵莫及的新境界。

如果你想更快達到成果，就要連未被具體指示出來的部分都摸透，貪婪無厭地吸收。

順帶一提，我拜師後，始終觀察入微，不單是老師吃的、喝的東西，連品牌和分量、杯數等，我都確認得一清二楚。

有人會質疑：「飲料的分量、杯數？這些跟將來從商有關係嗎？」有，關係可大了。

這樣才能摸清老師的習慣，預測他的下一步。

能夠做到這種程度，不論向客戶進行任何提案，都能省去多餘的動作，直接命中對方的心。

這就是觀察一百次以上的效果。好好觀察你的老師吧，肯定能從他的習慣中受益。

除此之外，不斷觀察還有一個好處。

觀察次數越多越能得心應手，看到從前看不到的部分。

這種情形就和閱讀一樣，重複讀一本書，每次總有新發現、新領悟，思考範圍更寬廣了。

「不斷重複」的效果不容小覷。

人類這種動物，本來就有無限可能，而且懂得順應環境及變化。

因此，為了拓展自己的可能性，也為了提高孩子的未來性，千萬別說：「我已經教過你了，你自己做……」應該示範再示範，開發孩子的潛能。

這是為人父母不可推卸的責任，不過，此時千萬得注意一件事。

重複同樣的訊息時，應用**不同的角度傳達**。

能否大大改變孩子的未來，祕訣就藏在這個細節裡。

想必你有經驗，當對方不斷說同樣的話時，你會覺得煩：「早就聽過了……」而不願再聽下去。

我就有這種經驗。之前上班那家公司的老闆，每次見面都說一模一樣的話，有時我真懷疑他是不是老年痴呆了。

這樣的話，想傳達的珍貴訊息便隨風而去，甚至引起反效果。

因此，傳達訊息的「工夫」、「角度」非常重要，與接受者能否成長息息相關。至於我是怎麼做的呢？我會把握訊息的主軸，然後採取不同角度、用不同方式傳達出去。

例如，起先是直球式傳達，後來就穿插案例輔助，也可分享自己的經驗談。雖然內容不變，但只要換個角度表達，便能予人全新感受。經營者都該學會用複眼來看待事物，用不同角度來傳達訊息。

蜻蜓等昆蟲都有複眼。據說，單眼只能感受到明暗而已，複眼則能感受到形狀、顏色、動作等，於是稱多角度切入的思考為「複眼式思考」。

角度及方式十分重要，而且，讓對方願意聽、聽得懂，才不會被懷疑：「你忘了自己說過了嗎？」才能順利表達出自己的想法。因此，訊息不是說完就沒事，應在傳達方式上多下點工夫，要知道，**訊息是在對方確實接收到以後才有價值**。

只要方法正確，你就不會懊惱：「說了好幾遍都沒在聽！」

改變形式，創造更多可能性

比起往昔，科技發達的今日實在太方便了，無論拍影片、錄音，即便不使用高端且昂貴的器材，也能用電腦或智慧手機內建的應用程式，不花半毛錢輕鬆完成。於是資訊傳播更迅速，人人都辦得到，只要按下錄音鍵，然後按下停止鍵，錄音檔便完成了，三歲小孩都會。接下來，將檔案上傳到伺服器便能公開播放。

這麼方便的工具，哪有不用的道理？

就用錄音方式來傳達訊息吧。

這麼做有二大好處。一是只要說一次即可，二是可以重複聽。

詳細說明如下：

●只要說一次即可

ＩＴ的發達，不僅提高效率，並且節省時間。從前人們靠雙腳移動，但汽車發明後便省下不少時間。同樣地，**錄音或錄影不但只要辛苦一次就好，上傳到影音平台，便能快速傳播出去。**

尤其，使用 YouTube 各類平台，無名小卒也能免費上傳影片，讓完全陌生的人接收到訊息。

而且，只要辛苦一次，上傳後，無數觀眾便能不斷點閱，重複收看。

你的訊息還可能成為發燒話題，透過網友分享而普及到天涯海角。

再沒有如此令人振奮的便利性了。

●可以重複聽

另一個好處是，可讓同一人重複聽好多次。

如果你是站在教導立場的人，接下來的內容，值得你邊讀邊做筆記。

再怎麼天資聰穎，光聽一次就能充分吸收、完全掌握的人，可說鳳毛麟角。

這點無關才華或能力，而是主司記憶的「大腦」機制造成的。

大腦科學已經證明，人類的記憶形成於海馬迴，然後再保存於大腦皮質。

有人稱之為短期記憶、長期記憶，但其實沒差，重點不在名稱，而是怎麼做才能將接收到的新資訊，從短期記憶區移到長期記憶區。

成功與否就看這裡了。

成功的不二法門就是**「一再重複」**。

記憶無法判斷訊息的品質與內容，即便是你不喜歡的，只要一再重複回想，便會保存於長期記憶中；反之，即便是你不想忘記的，只要疏於回想，便會自動消失於記憶中。

大腦無法自行根據內容來判斷要不要保留記憶，因此，必須藉助外力（一再重複）來加以分別處理。

我要推薦的利器就是「影像檔」。

影像檔不是只能收錄聲音而已。最近，光用手機就能製作動畫影片，也能將文字存成特定格式，做成電子書。

諸如此類，只要改變呈現方式，做成各種不同形式的檔案，就能讓人對該訊息保持新鮮感，而且可以重複利用、重複傳播。因此，請善加利用現代科技的力量，好好花一次工夫，給予孩子最大的影響力。

而此時的要訣就是，**重複聽、重複看，確認已充分傳達出訊息的重點**。

要是忽略這個要訣，效果豈止減半，更可能歸零，請特別留意。

讓孩子接觸你正在銷售的商品

要讓孩子對從商有所想像，最佳方法就是將銷售中的商品展示在他面前。

這點也是上班族與創業家的最大差異。

上班族從公司獲得工作後，開始付出時間和勞力，換取「薪水」這種形式的報酬；而創業家是以提供商品或服務（價值交換）來換取金錢。

也就是說，將可以換錢的東西（交換材料）拿給孩子看，就跟直接拿錢給孩子看沒兩樣。

當然，如果那樣東西真的換到錢了，孩子的感受會更刺激、深刻，永難忘懷。

這就是創業家才能做到的教育。

如果想再拓展孩子的潛能，刺激他的每一顆細胞，就讓他摸摸商品，實際感受看看，將效果放到最大。

沒有什麼事比實際感受更能改變人生。光憑想像是不夠的，唯有實際去接觸、去感受，才能湧現想像，同時產生喜歡的感覺。

若父母是孩子心目中的英雄，讓孩子實際接觸父母經營的商品，並告訴他，將來由他繼承，相信所有孩子都會喜歡上這些商品的。

或許有人會說：「那可不一定，每個人喜好不同吧。」這裡的重點不在商品本身，而是孩子很愛他的父母時，父母所經營的東西，孩子自然會喜歡。

不要以大人那種無聊的感覺去推測，應從孩子單純的心思去設想。

這樣才不會摻雜個人感受、興趣嗜好等等，而能有正確的理解。

讓孩子接觸實際商品，還有另一項好處。

可以讓孩子親眼見到如何以商品換取金錢。

對從未有此體驗的人來說，這麼做可以達到「當頭棒喝」般的效果。

怎麼說？因為日本有八成左右是上班族家庭，以領薪水形式獲取金錢，鮮少有提供商品以獲取金錢的體驗。

這種體驗與自己站在消費者立場掏錢換取商品不太一樣，不，根本是兩碼事，說得誇張一點，會有讓人遇見太空人般的衝擊。把商品交給對方，瞬間便有一萬、十萬、百萬日圓入手，老實說，第一次真會覺得錯愕。

尤其上班族家庭往往從早忙到晚，一個月後才能拿到公司給付二十萬、三十萬日圓薪水，但變成創業家這種工作模式後，光一件商品就能拿到相當於月薪的金額，甚至更多。

而且，不必花上一個月時間，幾秒鐘便完成交易了。

看到這場景，連大人都會覺得當上班族太傻了，應該自己做生意才對。

應該讓孩子從小觀看這樣的事實。只要稍微想一下便會興致勃勃了。

這就是為什麼企業第二代多數不想當上班族，而是一開始就以創業為目標的原因。

這下，又會有人說：「我爸媽就開過公司，但我現在是上班族啊。」

這是因為父母雖是經營者，但給小孩的卻是上班族的教育，他們展現出來的背影與上班族無異，準時上下班、固定周末休假二天。看著這樣的背影，孩子長大後當上班族一點都不意外。

也有一種可能，就是父母當經營者當得苦哈哈，因此不願孩子走相同的路。否則，只要父母經營事業有成，一定會與孩子分享箇中的幸福滋味。

創業這件事很妙，當你越覺得上班族生活太傻，就越覺得創業充滿刺激與魅力。請與孩子分享創業的美好，讓他們儘早接觸你所經營的商品，幫助他們培養製造商品的感覺。這種體驗與指導，將讓孩子的未來更加寬廣。

用拍照創造「假想現實」

拍照可以拍出獨一無二的世界。

「拍得好美啊！」、「拍得真好看！」可見，只要在攝影上多下點工夫（研究），便能將商品價值提升好幾倍。

基本上，人也是一樣的。

為提升商品形象，除了找模特兒、藝人拍廣告外，有些行業的經營者也會為商品宣傳親自亮相。經營者的照片能為商品加分，也能扣分，因此，注重外表可說是經營者應有的禮儀（基本條件）。

我要說的重點是，**好好拍照，拍出「好厲害！」的感覺**。

這是一種「假想現實」，作為創業家，能不能善用「假想現實」，成果將大不同。

為什麼？因為顧客不太會先摸到商品、使用商品後，再決定買不買，而是憑廣告上的相片決定。

很多公司會找專業攝影師來拍攝商品，就是為了讓商品顯得更有魅力，亦即運用「假想現實」戰術。

將好東西以更好的狀態呈現，這就是商業。

「我們公司的產品一級棒，沒必要搞那些！」但是，沒經過設計根本拍不出質感，只會顯得土裡土氣、超不專業。

這樣的話，在百家爭鳴的戰國世界，贏家也會淪為輸家。見相片如見商品，相片拍得好，產品才能暢銷。

換句話說，應從小培養孩子的審美觀。

對將來要當創業家的孩子而言，審美觀是重要武器。攝影時加點巧思，讓商品優美呈現，便能擄獲顧客芳心。

顧客都在追求夢想。

據說，泡沫經濟破滅以來，景氣持續低迷，無法做夢的人越來越多了。

但，那是指人們對無法實現的夢想不抱期待，並非失去夢想。只要還有希望，人人都想美夢成真。

誰能美夢成真呢？那就是下一代的孩子。這也是創業家的責任。

在人手一機的今天，只要善用智慧型手機功能，素人也能拍出專業照片。如果你想媲美專業攝影師，對世人做出貢獻，就要在拍照上多花點構思，拍出超乎手機效果的相片，擄獲人心。

否則，你的未來只能任血汗企業宰割了。如果你想為孩子而做出改變的話，你必須拋開消費者觀點，學習用銷售者觀點思考。

若能如此，你的孩子定能**無痛地慢慢拓展舒適圈，提高標準值，發想出嶄新的創意，展現優於競爭對手的成果。**

這個標準值將大大影響孩子的未來，決定他的商業規模，因此，為了避免孩子安於低標生活，請幫他安排高標準、高品質的生活方式，為他的未來創造出更多可能。

一切就看你怎麼做。你給孩子什麼樣的標準值，決定他有什麼樣的未來。

舒適圈

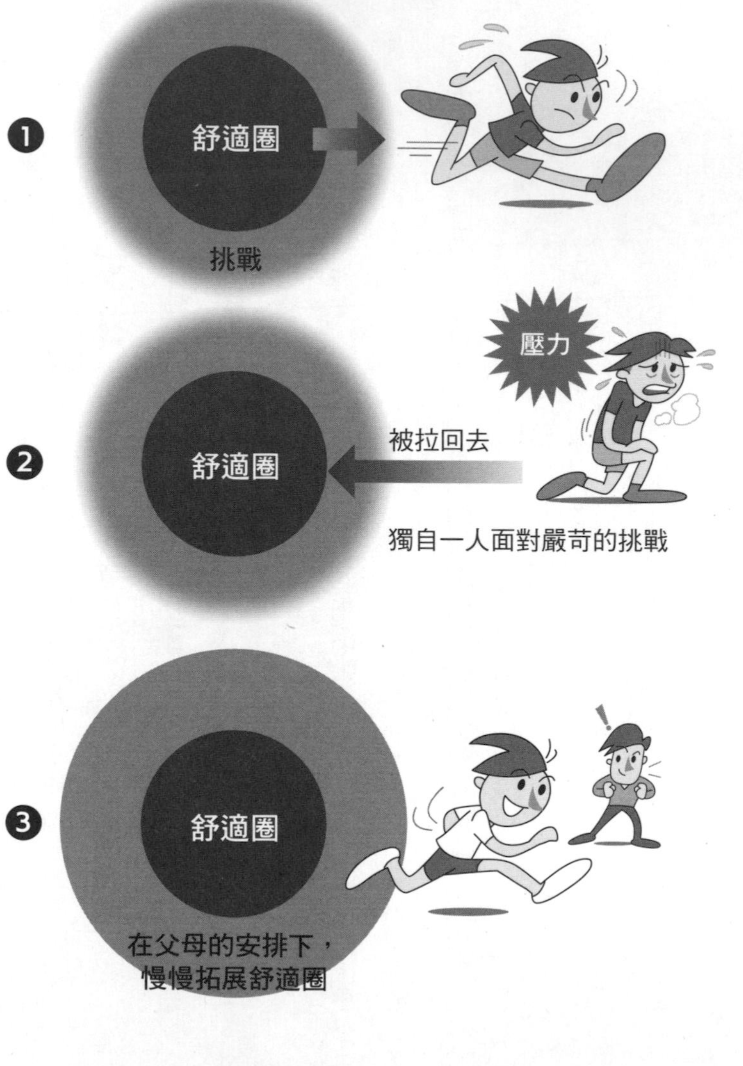

第四章

創業家培訓課程 4

多讓孩子體驗

各國名人都是全家一起出動

觀看世界各國的電視節目，你會發現，王公貴族都是全家一起面對鏡頭。

日本皇族也不例外，必然是全員到齊，透過電視畫面展現神采奕奕的身影。

其實不只皇族，活躍於國際舞台的名人，都將全家一起出動視為理所當然，他們和皇族一樣，認為這是孩子成長教育的一環。

這種教育跟帝王學差不多，不但王公貴族照辦，一流的經營者也是如此代代相傳。

祖父教給父親、父親教給孩子、孩子教給孫子，就這樣，由上一代現場指導，讓下一代感受各式各樣的體驗。

在世界舞台上，第一夫人必定陪在孩子身邊。倒不是因為有媒體在場，其實，不論是親近人士聚集的私人派對，或是商業夥伴聚集的場合等，基本上都是如此。孩子從小被安排坐在父親旁邊，聆聽大人談話。

為什麼孩子還小就要這麼做？這是因為商業席上無大人、小孩之限定。沒人規定小孩不能參加。

尤其第二代將來要接手家族企業，形同事業夥伴，等到他們長大才參與就來不及了。

經營者的觀念就是這麼不同於上班族。沒有教你如何成為經營者的教科書，學校也不會教，因此經營者必須自己親自教導。

國際知名經營者，都是從上一代、上上一代接收到這種觀念後，等到自己繼承事業，獨當一面時，給孩子的第一堂培訓課程，就是將孩子帶到商務場合，讓他們熟悉現場氛圍。

話雖如此，如果孩子年紀小，坐不住想玩是意料中的。

那麼，上班族的父母會怎麼做呢？恐怕多數父母會說：「好啦好啦，去那邊玩。」這不是創業家教育。在商務現場，不能因為孩子小就不要求，即便是私人聚會，只要有一名商業夥伴在場，就是商務場合，為了培養孩子將來成為創業家，讓他們服裝儀容整潔，乖乖坐在旁邊看著父母身影，是父母該盡的責任。

或許有人質疑：「帶這麼小的孩子在身邊，他們又聽不懂大人在談什麼。」聽得懂或聽不懂都無妨。**只要孩子超過十歲，就該讓他們出席大人談話的場合，讓他們耳濡目染，認識到那也是他的生活場域之一。**

總之，創業家的家庭都有一套歷代傳承下來的家庭商務教育，並且在孩子還小的階段就開始實施了。

企業併購、商品製作、事業概念等話題，小孩或許一開始完全聽不懂，但多聽多看，便能逐漸理解了。

至於孩子是否年紀小就聽不懂，其實不然。即便是上班族，一開始在這類場合也是聽不懂的，因為他們光處理公司交辦的業務就分身乏術了，沒機會接觸商務，自然無法理解。

所以，不論大人或小孩，剛開始聽創業家之間的談話，聽不懂是很正常的。

但是，聽過幾次後，就會慢慢產生興趣而進入狀況了。

孩子從小就在這樣的環境中長大，自然走上創業家之路。

帶孩子出席所有商務場合

一如前述，創業家教育就從帶孩子到現場開始。

訣竅無他，只要是商務場合，不論規模大小，都帶孩子同行。對孩子而言，有父母陪伴的商務現場，可以不斷有新發現，充滿刺激。

尤其，成為創業家後，出入的場所便與上班族時代大不同。一旦以商務為主軸，進出的場所自然因事制宜。

順帶一提，我從事電視、廣播工作，我的孩子回日本時，我會帶他們去電視台的攝影棚或廣播公司的錄音室。

像這樣，帶孩子去他們日常不會去的地方，讓他們想像人生道路（不論將來走不走這條路），習慣各種環境，進而聯想自己的角色與定位。

有人會說：「孩子的未來不能由父母操控。」但是，孩子畢竟是孩子，他們只會對看到的、摸到的、感動的、憧憬的事物感興趣。

因此，創業家父母要做的，不是強迫孩子繼承衣缽，而是用心思考如何成為孩子的憧憬，讓他們看見嚮往的背影。當孩子以父母為榜樣後，自然希望將來與父母一樣從商。

反觀，如果是為工作筋疲力盡的上班族，會是什麼光景呢？一早穿上皺巴巴、鬆垮垮的西裝，拖著沉重的身體出門上班。可以想見，映在孩子眼中的是一副與憧憬相去甚遠的身影。

孩子是感性動物，憑感覺下判斷，不是好，就是不好，沒有中間地帶，不會考量到你默默付出的努力。

你默默付出的努力，只有等他們長大成人後才會明白，要他們在懵懂無知階段就通情達理是不可能的。

這時只有一個重點：**「讓孩子憧憬的身影」**。至於這樣的身影會不會賺錢、能不能提供優質商品則姑且不論，因為這得交由時間證明；眼下只要讓孩子透過父母的工作，進而知道**「自己可以成為什麼樣的人」**就夠了。

了解這個觀點後，你要當上班族也無妨，但創業家與上班族最大的不同，是你所建立的資源（客戶、資金、人脈、信譽、商品等）可以讓孩子繼承。

可見，創業家能留給孩子的更多，更能開發出孩子的潛能。

既然本書已在你手上，請好好想一想，不要再過上班族的生活模式了，應藉此機會踏上創業家之路，成為孩子的榜樣，拓展孩子的未來。

成為創業家的優點是你可以完全作主，不必聽命於人。

上班族受限於公司規定，除非公司開放員工帶孩子參加職場見習課程，否則孩子無法同行。

但你是老闆就另當別論了。要不要帶孩子去公司是你的自由，再說，考量到這是創業家教育的一環，更該帶孩子同行才對。拜此特權之惠，孩子才能從小體驗商業世界。

這時候須留意的是，孩子是否喜歡這個職場環境。唯有「喜歡」，才能發揮潛力。

運動界有所謂的「主客場制」，如果孩子能將父母的公司視為自己的「主場」，未來將無可限量。

孩子的未來取決於你的行動。趁早讓孩子多看、多接觸、多體驗，這些都是珍貴的未來資產，將直接產生莫大的影響。

我舉一個例子，大家就更明白了。

過去，很多日本小朋友的夢想是當上日本職棒選手，但自從可以在家收看衛星轉播後，越來越多小朋友直接以美國大聯盟為目標了。

視野拓寬後，夢想更寬廣。因此，你讓孩子接觸高標準的事物，他的目標自然提高。為了開拓孩子的潛能，請盡可能安排高標準的環境。

讓孩子當你的「特別助理」

我要強調一點，不要把孩子當小孩看待。

商務現場即戰場，不是來玩的。之前提過，**小孩十歲後，在商業世界就不算**

小孩了。今天，甚至有小學生當董事長的呢。

話雖如此，不經過任何教育或訓練，突然要孩子當老闆，無異天方夜譚。首先，你必須做對一件事：把孩子當「特別助理」看待。

他不是你的小孩，而是你的「特助」。

孩子雖然不是公司員工，但沒必要讓他遠離你，到另一個現場去工作。**應該讓他寸步不離地跟在你身邊，將你的工作身影從頭至尾烙印腦中。**

老闆有老闆該做的事，員工有員工要做的事。

員工做再多份內事也不會變成老闆。說得極端點，員工不過是做公司交代的「部分」業務而已（一小片拼圖），縱然一個一個「部分」業務完成了，若沒有宏觀的視野，依然無法拼湊成完整的拼圖。用水來比喻的話，上游的一滴水（老闆的政策）往下游走，分流至若干小溪（各部門），而確認上游的想法是否如實地傳達至下游，就是公司高層（經營者）的責任了。

好比日本皇室到各地方出巡一樣。

皇室成員到各地訪視、慰勞，了解民間疾苦，就是為了希望國泰民安。

經營者也一樣，必須了解各部門的運作狀況。

在一個團體裡，難免因環境因素或傳達過程不順而出現齟齬，上層的想法到了下層往往失真。

因此，經營者必須確認上游的水（想法）是否如實流到下游。

這就是老闆要做的事。

這類要務必須徹底讓你的特助、也就是你的孩子知道。有時你會碰到自私自利的人、在傳達過程中任意加入個人想法的人，這種背信行為會為公司帶來禍端。因此，即便有點麻煩，都得**確認從上游流下去的水（經營者的想法），是否保持純粹無雜染的原樣。**

此時，有一點須特別留意。

若發現從上游流到下游的過程中，水質變了，你千萬不能犯以下的錯誤。

什麼錯誤？不能自己跳下去追究原因，制定改善對策。這不是老闆該做的事。既然用人，就要交給負責的人去處理。

有些老闆永遠站在第一線，凡事親力親為，但這麼做反而綁手綁腳，讓自己淪為一名小員工而已。

身為企業經營者，必須掌握一切狀況，但沒必要大小事一手包辦。

你必須讓你的孩子看到這種毅然決然的態度。

自己拿著榔頭、鐵槌衝到現場「修理」一番或許比較簡單，但我再說一遍，這不是老闆該做的事。

只有老闆才能做的事情非常多，例如面對緊急狀況的應變方案、永續經營的觀點等。如果連第一線的事情都親自跳下去處理，哪有餘力去做老闆該做的事。

就這項意義來說，**第一線歸第一線，管理歸管理，必須分層負責，而且必須把這種態度告訴你的特助、你的孩子。**

若能做到這點，你的孩子就不會去當第一線員工，不會以員工的方式思考，而是一開始就能建立起經營者的胸襟。

讓孩子到各部門去體驗

話說回來，若不能掌握第一線在做哪些事、發生什麼問題，就會淪為一名欠缺實效性、不值得信賴的老闆。

為了讓孩子將來能順利接班，應該安排他到各部門歷練一下，即便時間很短也沒關係。

不論何事，**「知道」**、**「做」**、**「會做」**三種行為之間，看似雷同，其實天差地遠。

坐在觀眾席上看熱鬧的第三者，是不會明白箇中差異的。

我舉個案例。

美國前職業拳擊手、世界重量級冠軍得主麥克・泰森（Mike Tyson）曾對觀眾撂狠話：

「吃我一記反擊，你們就什麼屁也放不出來了！」

「坐著看」和「親身感受」，完全兩回事。

不僅拳擊界如此，商業界也一樣。

有些人指責得頭頭是道，但對公司一點貢獻也沒有，因為他們光會指責，卻提不出改善對策。只是「知道」，就跟愛湊熱鬧、不負責任的傢伙沒兩樣。

指責，誰不會！以為大聲指出問題，抱怨東抱怨西就能解決問題，可說愚蠢至極。

光指出問題是不夠的，還要能找出原因，擬出改善對策，但這得講究責任感與能力，還需要耐心、毅力。

這就是「做」（＝了解）的困難之處。

不過，「做」也只是個過程罷了，離「會做」還有一段距離，還得付出努力。

如果光靠「做」便能解決問題的話，那麼不管三七二十一，直接往前衝就好了。

可是，**光靠衝勁，不可能到達「會做」的境界。**

因為，你必須把知道的內容用自己的方式表現出來，亦即**「再現性」**（Reproducibility），**接著，必須「重複進行」，並且以別人能夠理解的方式進行。**

到達「會做」的境界後，只要再繼續琢磨品味、技巧精益求精即可。萬事起頭難，跨過門檻後，就會越來越順了。

多讓孩子去現場體驗也是這個道理。你要隨時意識到「知道」、「做」、「會做」的程度之別，讓孩子參與一切業務。

當然，還要考慮到「適性」問題，並非每件事都要訓練到「會做」的境界，但至少有心就能「做」，這點不成問題，因此，請讓孩子「做」一段時間看看。

讓孩子以接班人心態多方見習，就不會淪為只是說一口好生意經的「名嘴」而已，他會了解商務上常見的煩惱與困難，並思考改善對策。

然後，別忘了，孩子的最終工作場所「不是在第一線」。

第一線只是讓孩子學習經營者思考的起點，並非終點。

◎「知道」、「做」、「會做」的差別

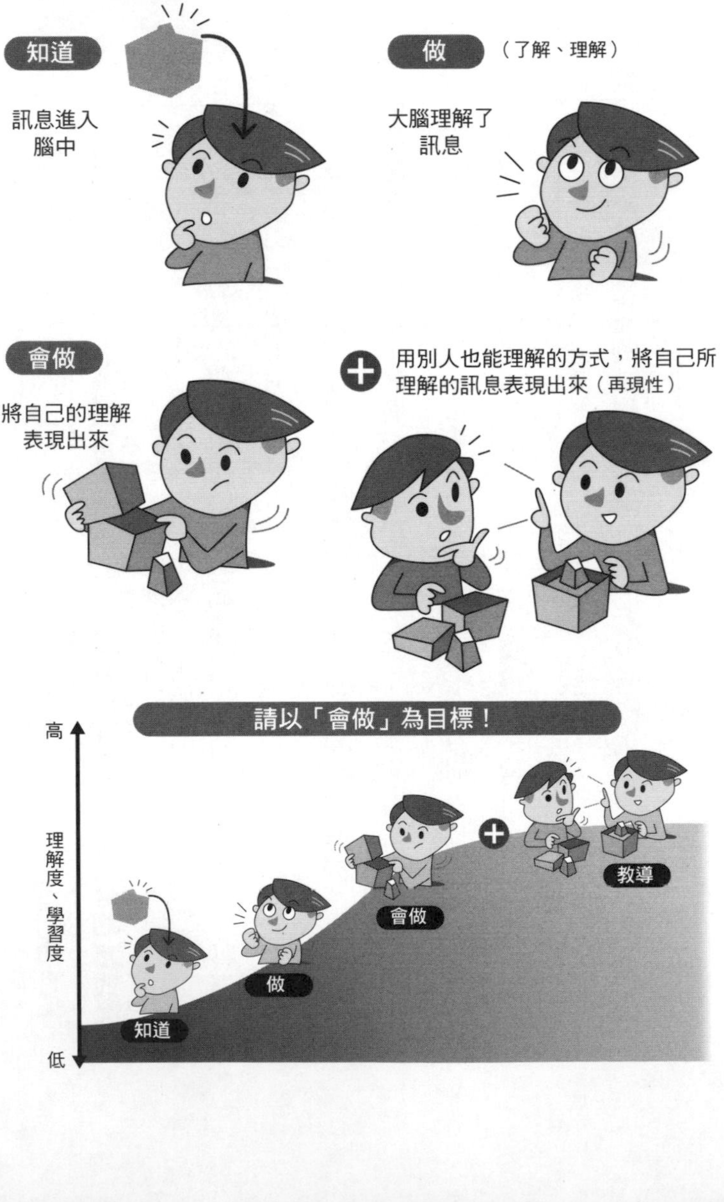
知道
訊息進入
腦中
做
（了解、理解）
大腦理解了
訊息
會做
將自己的理解
表現出來
用別人也能理解的方式，將自己所
理解的訊息表現出來（再現性）
請以「會做」為目標！
高
理解度、學習度
低
知道
做
會做
教導

要是弄錯目標，有可能一生困在第一線工作而無法自拔，因此，你要設定好孩子的見習時間。

只要把握住這點，現場經驗自然成為一生的資糧，成為日後設計商業活動的寶貴經驗。孩子到達一定年齡後，要讓他們實際去體驗，當然，數字很重要，但比起看懂各種數字，在起初階段，你該培養的是他們的感受力。這時，務必也讓孩子意識到這一點。

否則，準備再好的環境都是白費心血，淪為一時的刺激而已……

為了不讓你的用心、你的經驗付諸流水，務必讓孩子帶著正確的意識去多方體驗。

這是創業家才能夠提供的學習環境。一般上班族很難提供孩子累積商務經驗的機會。

如果你認真為孩子的將來著想，請你自己先做出榜樣，讓你的身影成為孩子的想望。

只要做到這點，未來便充滿希望，你便能安心地守護孩子成長。

小小挑戰，大大改變未來

孩子的未來取決於父母提供的**「教育環境」**。

很多父母認為，只要孩子進入好學校就讀，保證將來生活無虞。但，你可曾想過，上班的公司有大有小，但再怎麼說，都是領人薪水的上班族。

之前說過，上班族只是公司的一枚小螺絲釘而已。

如果不甘於當一枚上班族，就**要看父母有沒有培養孩子成為創業家的環境，或是有沒有為他們準備這樣的環境。**

這是人生成功與否的分水嶺。

趁早讓孩子體驗到從商「好好玩」，即使是玩的心態都好，便能在孩子心中種下創業家的種子。

因此，身為創業家的父母，應該隨時把孩子帶在身邊，讓他們多到商務現場見習。這就是「創業家教育」。

順帶一提，我都是為孩子安排什麼樣的挑戰呢？非常多，例如，我去演講時，一定帶孩子同行，讓他站上講台做一段寒暄式的演講。我去錄廣播節目時，如果我是主講人，我也會帶孩子去，讓他表現一下＊。

這類挑戰不是人人都有機會的。讓孩子從小上廣播節目，累積相關經驗，我認為會對他們的未來產生良好刺激。

總之，此時該做的，就是創造一個可供孩子見習的環境，進而影響他們的未來，而且，這樣的體驗也能增長他們的見識。

或許有人又會說：「看來，創業家的小孩都有不少挑戰機會，例如上台演講啦、上廣播節目等等，但我們家根本辦不到……」

＊我的孩子上廣播節目的錄音，網址：

以上只是我的做法，你也可以有你自己的教育方式。例如，**帶孩子去你平時出入的社交場合，或是帶孩子一起去上商務課程。**

這本書的目的，不是要求你完成一整套的創業家教育，這裡的重點是，讓孩子跟在你身邊，見習你的改變過程。

久而久之，孩子每到類似的場合，自然會有大人的模樣了。

你們知道嗎？我的客戶中，有人會帶孩子一起來上課，有人會帶孩子一起來諮詢。

這種場景在創業家中一點都不新奇，可說再普通不過了。和大人坐在一起的夥伴，此時雖是「小孩子」，但數年後、數十年後，他們將正式成為商業夥伴，因此，誰說小孩不能同行呢？

除了帶孩子以外，有人也會帶太太同行，就是出於同樣想法。有些人是與太太攜手創業、攜手經營的，因此當有人問到：「我可以帶太太一起來嗎？」我都會爽快答應。

一人創業，全家都是創業夥伴。

孩子的未來與父母息息相關，應當親子「一心同體」

在創業家的家庭裡，一般都是父親當老闆，但是，沒有家人支持的話，這個老闆根本當不成。

獨自一人打天下，即便賺了錢，多半撐不久，這是事實。

但有家人這台引擎（活力來源）的支持，創業者會有安定感而能持續下去。

家人支持是經營者莫大的動力，因此他們對家人的想法，和上班族有點不同。

上班族通常不會把工作帶回家裡，工作是工作，家庭是家庭。

但創業家不一樣，他們沒有工作與家庭之分，一切都是工作，家庭是工作的一部分。

正因為有這種想法，他們才會帶孩子到工作現場，讓他們體驗、習慣商業環境。

這點，生長在上班族家庭的人或許無法理解。

我一開始也是這樣的。

我在上班族家庭中長大，父母給我們的教育是公司與家庭分得清清楚楚，老實說，我根本不知道我父親的工作內容、與哪些人接觸，他們也不會告訴我。也許是這個緣故吧，我從未嚮往父親的工作，也無法想像將來要和他一起創業。

結果，我進入一家與父親無關的公司，就這樣，一直到他退休，我們在工作上毫無交集。

如果當時父親不是一名上班族，而是創業家或經營者，那麼我的人生或許有所不同。每思及起，便有幾分傷感。

為什麼？因為父母的生活方式將影響孩子的未來，成為孩子的人生。這麼一想，總覺得把夢想完全寄託在孩子身上是不對的。

有些人會把自己無法完成的夢想寄託在孩子身上，但是，如果真心希望孩子能實現夢想，身為父母的你，必須先踏出第一步才行。父母怯於逐夢，孩子也會怯於挑戰。

父母與孩子應該一心同體。

你如果真心為孩子的未來著想，就得身先士卒，勇於挑戰夢想，為孩子準備理想的商務環境。

為什麼孩子敢對父母耍任性？就是因為他們知道父母準備的環境很安全。從商也一樣。

例如，讓孩子到一家陌生人的公司去上班，對他說：「你要好好加油努力！」或許這是為了訓練孩子獨立的用心良苦，但如果是在自己的公司，就可以隨時用不同觀點守護孩子，也能安排孩子到可發揮長才的部門去見習。

這種設想雖非完美無缺，但畢竟父母最了解孩子，可以給予孩子最妥適的支援。有時間去神社、廟宇祈求孩子考試順利，不如花點心思為他們安排挑戰的機會吧。

這時的重點在於，**你能不能做出正確判斷，為孩子安排幾個得以美夢成真的舞台。否則，孩子在獲得機會之前，必然挫折連連。**

看孩子受挫，簡直比自己受挫更難受。為了避免這種處境，且為了發揮孩子的潛能，不是別人，就是你！你應該為孩子準備舞台。

若能做到這點，孩子便能經由挑戰獲得豐富的體驗而不斷成長，為未來打下堅固的基石。

我說一個例子。

我有一位朋友，是位擁有龐大會員的暢銷作家，他用他的資源幫女兒圓夢（當一名創作歌手）。

他的每場演講都有數千名粉絲捧場，於是，他在中場休息時間播放女兒的歌，並在演講結束後，讓女兒登台演唱。

好個寵愛女兒無極限的老爸啊！但也因為如此，女兒為報答父親給的機會，努力學習歌唱。

如今，她女兒已經圈粉無數，也正式出道了。

這只是千千萬萬案例之一，可以說，創業家的家族，都是這樣教育子女的。

把夢想完全寄託在孩子身上，自己只坐在觀眾席加油……這是不行的，你應該在你的能力範圍內，提供各種機會、環境給孩子，陪他一起圓夢。

這就是創業家為孩子思考的圓夢方式。

第五章

創業家培訓課程 5

多讓孩子做客觀的判斷

磨練直覺的竅門在於把握「客觀性」

對創業家或經營者而言，最重要的是「客觀性」。

有人會說：「我很重視直覺。」但要磨練直覺，必須具備客觀性。直覺容易讓人陷入自以為是，不易獲得他人的贊同。

當然，如果不把直覺帶入商務就好，但如果你想在商務上發揮獨到見解（包含直覺在內的主觀），你的見解就要具備客觀性。

無視客觀性而提出的創意，往往以失敗收場。無視客觀性而硬推的商品，恐怕堆在倉庫賣也賣不掉。

這樣，做生意有什麼意思呢？只是白忙一場。

那麼，如何具備客觀性、如何琢磨自己的主觀見解呢？

首先，你必須了解**「大眾心理」**。

大眾心理決定百分之八十的商業活動。

世上沒有任何商品是單憑一個人的創意或想法誕生的，必然要有志同道合的夥伴，經由一致的想法催生出商品，然後上市熱賣，形成風潮。

風潮，換個方式說，就是「大眾的贊同」。

只要獲得「大眾的贊同」，自然能掀起熱潮，賣到發燒。

了解大眾心理的重要性就在這裡。因此，你必須讓你的孩子學會洞悉大眾心理。

光賣一兩件商品，只能說那是賺點零用錢而已，不到半年便會倒閉。要讓產品熱銷，就要掌握大眾心理。換言之，你必須教導孩子兩件事：一是大眾心理，一是創造商品的觀點。

而其中的訣竅很簡單，「不要自以為是」。

有些經營者會有「我的想法最重要」的傾向，但是，忽略客觀性而以自己的想法為優先，那就做不成生意，只會是你個人的興趣而已。

在提出自己的想法之前，應先站在顧客的立場，知道他們的想法、感受。

因此，你得掌握「大眾心理」。

忽視大眾心理的話，生意根本做不成，更別說賺錢。做生意時，想一想是「誰」在付錢，就能恍然大悟了。明白大眾心理是從商必備條件，忽略則是致命傷。

琢磨商業直覺，其實就是學會洞悉大眾心理，並時時提醒自己做客觀性的判斷。

讓孩子常常用數字下判斷

那麼，該如何了解大眾心理呢？

那就是，**眼觀四方、耳聽八方**。

隨時了解消費者對什麼事物感興趣、對什麼事物不滿意。

換句話說，掌握各種意見的最大公約數，即掌握大眾心理。

不過，有一點須特別留意，大眾心理隨時在變，有時甚至反覆無常，像極了愛情。

今天是對的事，明天就不對了，這種情況不乏多見。

你看股票指數就知道了。

昨天還漲停的股票，因為總統的一句話，今天就跌跌不休，這在股票世界算是家常便飯。這也是大眾心理的可怕之處。

一般人說個意見，不會對市場造成影響，但有影響力的人透過媒體發言，大眾就全「向右看齊」了。

因此，要當商場上的常勝軍，就要隨時掌握變化中的大眾心理，不能隨便交由主觀、直覺去判斷，那太危險了。世上最靠不住的莫過於直覺。雖非「寡不敵眾」，但再怎麼堅持主張的人，終究難敵大勢所趨。

換言之，請先別以直覺判斷，而是用有根據的數字來判斷。**數字不會騙人，不會因第三者的解釋而改變。答案只有一個，數字不會背叛你。**

商業就是「數字」。

無一不能數字化。從銷售額到獲利、成本、人事費用等，皆能用數字表示、換算成百分比。商業可以科學化，發生異變時，數字會立即反應。

有了數字的警示，便能預防災難發生。孩子若不知道數字的重要性，容易變成一個憑直覺行事的人，因此，你必須讓他養成看數字的習慣，指導他該看哪些項目。

能做到這點，就不會有第二代大幅舉債以致倒閉的不幸發生。

錢，不是增加，就是減少。

能夠客觀告訴我們的指標，就是數字。如果不想造成虧損，請務必將孩子培養成一個喜歡數字的人。

最近有許多應用程式能讓孩子玩「數字」遊戲，不妨多加利用，在孩子尚未討厭數字之前，透過遊戲讓他體驗「數字好好玩」。

這種體驗將造就他日後成為一個數字概念強的人。

讓孩子徹底明白「為什麼」

人類的行為心理可分成四種。

「為什麼（原因）」、「憑什麼（根據、依據）」、「怎麼做（具體對策）」、「馬上做（GO）」。

學校教育做不好的原因，就是跳過「為什麼」和「憑什麼」，只教「怎麼做」和「馬上做」而已。

很多人應該記憶猶新，在學校上課時，老師從不說明為什麼要上這堂課，而是直接說：「今天我們要學習○○，做法是□□。知道了吧，那麼，開始！」不了解「為什麼」及「憑什麼」的孩子，當然跟不上。

那麼，我們來看看相關的問卷調查。

「為什麼」（百分之三十六）、「憑什麼」（百分之三十三）、「怎麼做」（百分之十七）、「馬上做」（百分之十二）、未回答（百分之二）。看這數字

人類的四種行為心理

1.「為什麼」型

不知道原因理由就不行動，會去思考學習的好處與壞處，例如，「有必要學這個嗎？」、「為什麼非學不可呢？」面對這種人，就要把學習原因解釋得一清二楚。

2.「憑什麼」型

掌握學習的根據、憑據後，才會化為行動。面對這種人，一定要準備好相關的數據、資料、證據、理論等。

3.「怎麼做」型

有具體的實踐方法才會行動。面對這種人，必須告訴他：「這個階梯很穩固，只要一步一步踩上去就行了。」

4.「馬上做」型

做說就做型。不問理由、背景，凡事先做再說。面對這種人，不必從知識、理論入手，而是直接給予實踐的環境。

就知道，「為什麼」和「憑什麼」加起來達到百分之六十九。

也就是說，不適合現行學校教育的人占了將近七成。難怪教不出成果。孩子長大後，自然會去思考這些，但是，孩提時代的學習，如果連最根本的、初步的疑問都略過，怎麼可能培育出有創造力的人。

欠缺「為什麼」、「憑什麼」的學校教育，只會培養出整齊畫一的人，抹滅其獨特性。

得不到解答而停在「為什麼」、「憑什麼」的孩子，要在學校取得好成績是非常困難的，結果就是，擅長背誦的人才能考進好大學。

如果今天日本的官員都是這種人，那太可怕了！

到底該怎麼做才能不被這種「背誦人」主宰而重振日本呢？有一點很重要，就是學校教育應當採用更多「為什麼」（原因、理由）、「憑什麼」（根據、依據）的觀點，採用符合行為心理的學習方法。不過，我擔心日本的學校教育在未來三十年都不會改變，因此，父母必須自己用「為什麼」（原因、理由）及「憑什麼」（根據、依據）的觀點來教育孩子。

這種構成模式可適用於所有問題，我們來看看幾個例子吧。

為什麼（原因）↓憑什麼（根據、依據）

為什麼當上班族不好？

↓　因為年功序列制已經走入歷史，連續在同一家公司上班的年資縮短了。

為什麼當公司的小螺絲釘不好？

↓　因為公司會用低薪聘雇外國勞工，或是導入AI系統來取代你的工作。

為什麼非自立不可？

↓　因為退休金和年金都不可靠。

為什麼不能維持現狀就好？

↓ 時代要變了，目前正處於過渡期。

為什麼非要當創業家不可？

↓ 因為大企業要生存，會將無法創造價值的人踢出去。

這樣想，自然知道原因和解決對策，接著只要繼續依循之前介紹的模式——再加上「怎麼做」和「馬上做」——便能模擬出自立之路了。

為人父母，你對孩子的教育必須像這樣，徹底讓孩子明白「為什麼」（原因、理由）及「憑什麼」（根據、依據）。

帶孩子到商務現場見習，也是這個道理。

欠缺這兩項，保證畫不出邁向成功的人生藍圖。

思及當今現狀，請你務必徹底教會孩子思考「為什麼」（原因、理由）及「憑什麼」（根據、依據），栽培他成為一個會創造價值的人。

這是守護日本未來的唯一教育方式。

結果不論好壞，都讓孩子知道

做生意可以追求百分之百，但要達成百分之百可說難上加難。

一個明顯的例子就是：企業生存年數。

十多年前，企業的平均壽命是三十年，因此大家都認為公司沒那麼容易倒。然而近幾年來，在網路普及與全球化浪潮下，企業求生大不易。根據二〇一一年「帝國資料銀行」針對企業壽命所做的調查，超過一年者百分之九十七，超過五年者百分之八十二，超過十年者百分之七十，超過二十年者百分之五十二，超過三十年者百分之四十七。（二〇一一年度中小企業白皮書）

這項調查告訴我們，開設一家公司後，別說撐不了多久，搞到一個顧客都留不住而倒閉不起的大有人在。

於是有人會說：「那不如當個上班族比較輕鬆吧？」但上班族終究受雇於人，覆巢之下還有完卵嗎？

身在公司組織，不論你是老闆或員工，若是搞不懂做生意的學問，都無法存活下去。

那就走不下去了嗎？不是的，只要能接到工作，生意就做得下去，公司自然能永續經營。

為什麼？因為業績是顧客帶來的。學會招攬顧客的方法後，人潮、錢潮自然源源不絕。

「前車之鑑」能助我們一臂之力。

有些人將前人的「前車之鑑」整理成教材，然後出書販售，有些人則收集成業務資料，然後當上企業顧問，不論如何，共通點就是記取前人失敗的教訓，避免重蹈覆轍。前人的寶貴經驗是創業家的一面借鏡。

因此，父母也要將經驗傳承給孩子。

為了不讓孩子重蹈覆轍，父母應分享失敗的經驗談，肯定能達到「與君一席

◎ 2020 年迎接周年慶的企業總數

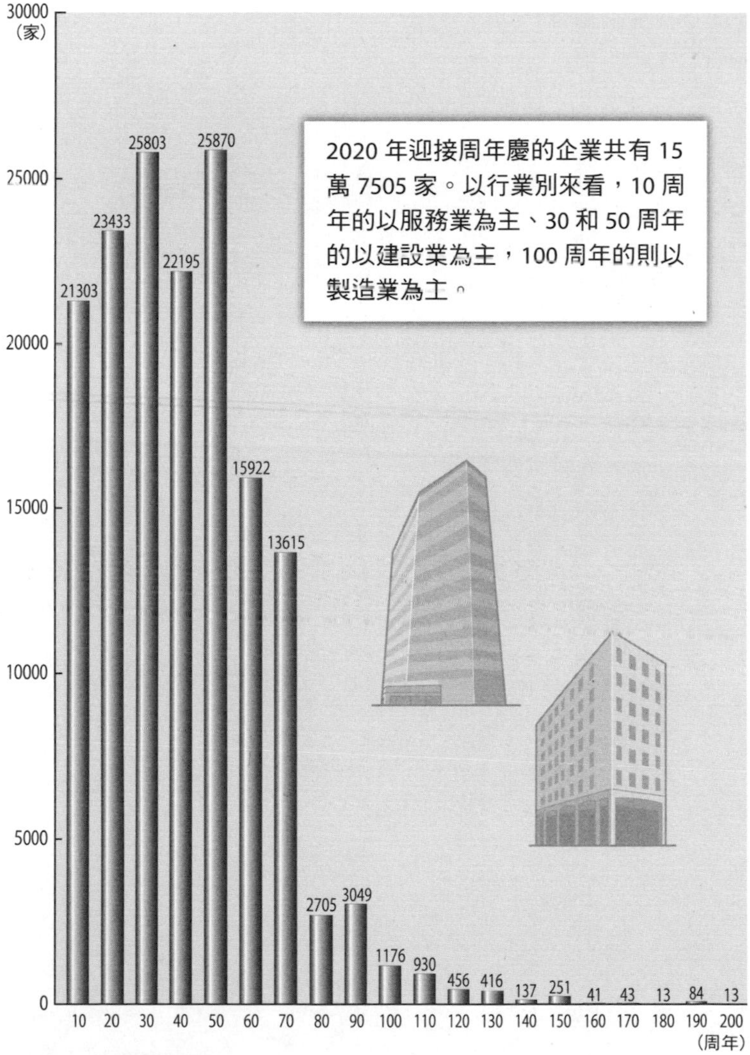

出處：© 帝國資料銀行

話，勝讀十年書」的效果。

父母的失敗談，是不讓孩子重蹈覆轍的寶訓。

若能排除失敗，便能縮短到達成功的距離，也能將損失降到最低。

我開始從商時，就是跟著大師學習，因此不曾失敗，且以最快速度攀上業界高峰。

如果我沒跟隨大師而魯莽地從商，今天我不可能成功，搞不好又回鍋當上班族去了。

因此，強烈建議大家應汲取前人的智慧再從商，否則失敗率相當高。

為什麼？只要環顧四周，你會發現盡是這樣的人。

很多人過度自信，自學從商，但我沒看過這種人成功的。自學從商的話，雖可以立即完成獨立的美夢，但通常只能勉強糊口。

這樣還從什麼商呢？只是吃苦罷了。

這種狀況在各行各業都看得到。

不論哪一行，如今在線上發光發熱的人，都是有人指導、有人支援的。憑一己之力單打獨鬥地登峰造極，不可能。

不論哪一行，絕對需要前人的指導與支援。很可惜，選擇自學的人（捨不得花錢的人）根本不懂。

付出學費，好好汲取大師的教誨，便能輕鬆縮短到達成功的距離。

第一步，就是找到在你的目標領域中獲得成功的人。

或許有人會說：「我的目標領域至今無人成功，我得靠自己。」如果該領域找不到成功者，表示你也不可能成功。因此，為了避免高估自己，避免浪費寶貴的人生，請你探尋有成功者的市場或領域，追隨成功者的腳步。

這是成功在握的最短距離。

時間是有限的，但金錢是「無限」的。

要獲得無限的金錢，方法之一就是學習最新知識、採用最新經驗。

若能化前人的智慧為新的價值觀，並應用在商務上，不但能避免失敗，快速獲得成功，還能回收學費，創造更大的收入。與其將時間浪費在無益的事情上，不如用花錢買時間的概念來學習從商。

此時，應審慎挑選你學習的老師、顧問。**用他的實績、成果來判斷他適不適任。**

以顧問之名走跳商場的人多如過江之鯽，真正有實績的人卻屈指可數。很多人徒有顧問虛名，根本沒接過諮詢案件，卻自誇是集客經營顧問，或者自己還沒獨立創業，卻當起獨立創業顧問，真是過分。尤其網路上有很多這種顧問網站，大家要小心。

有比較，才知道好或不好

有些事情可以透過「**比較**」來確認。所謂「比較」，是對比複數以上的事物以了解箇中差異。**教導孩子商業知識時，可以善加運用「比較」的效果。**

不比較，就不能確實掌握實際狀況。

特別是孩子通常不會知道前提條件，因此，讓他們眼見為憑，便能做出正確的判斷了。

我舉一個例子來說明吧。

我們全家去旅行時，通常會訂商務套房，但有時碰巧有「機加酒」特惠，基於「賺到了」的考量，會選擇這種方案。

但是到達飯店後，房型無法升級，只能住進一般房間。

天啊！難得的旅行，卻得全家擠在狹小的房間裡。而且，孩子一進門就哀嚎：「好小喔，怎麼會訂這種房間？」其實我也覺得空間太小了，但木已成舟，我無話可說，只好來個機會教育，讓他們為之前能住大房間而學習感恩。

要不是能與之前住的商務套房「比較」，又怎麼學習感恩？要是一直都住小房間，根本無從比較，也不會知道自己有多幸福。

或許你覺得我在炫耀。不是的，我想說的是，成功祕訣就藏在這裡。

凡事皆然，有「比較」才知道不一樣。知道不一樣後，採納好的部分，排除不好的部分即可。

反之，不知道有何不同，便無法改善、進步，也就無法與對手競爭了。

隨時帶著「比較」的眼光，是創業家的必備條件。

此外，有一點須加留意。

不可對劣質的服務習以為常。

人很容易順應環境，可能因此受到不良影響。

這不是信口胡言，而是經過大腦科學研究證實的。

一九九六年義大利帕爾馬大學賈科莫·里佐拉蒂（Giacomo Rizzolatti）博士及其團隊提出這項理論，他們發現了「鏡像神經元」（Mirror neuron），俗稱「模仿細胞」。

簡單說，這種腦細胞讓人不由自主地模仿別人，好的也模仿，壞的也模仿，影響非常大。

就這層意義而言，你模仿什麼，將左右你的人生，因此不得掉以輕心。

「近朱者赤，近墨者黑」。為了保護你的人生，請多接近能帶來好影響的人

（勿接近帶來壞影響的人），多接觸優質的環境。

還要請你注意兩個重點。

「比例」與「相同客層中的差別」。

我們先看看「比例」。

鏡像神經元的活化效果，雖會影響你的人生，但不會在短時間內產生影響。除非是相當強烈的衝擊，否則短暫的經驗不會改變什麼。換句話說，只要時間不長（比例少），人生不會突然惡化，因此，你可以偶爾體驗劣質的服務，感受一下落差。

其次是「相同客層中的差別」。

例如，同一家飯店裡雖有等級之分，但客層的差異不會太大、你可以在一定程度的服務品質下，去體驗其中的差別。

有人會說：「既然是同一家飯店，那就沒差吧？」其實不然，越是五星級飯店，越會在頂級會員與一般客人之間，做出明顯的差別待遇。

頂級會員便知道，飯店有一些專供頂級會員使用的休息室，也會提供特別的服務。如果你想體驗某家飯店的升級服務，不妨成為該飯店的頂級會員。

進行「比較」時，沒有基準點是比較不出來的，也無法發現其中差異，因此，從培養創業家的教育觀點來看，應該讓孩子透過親身體驗，比較出一流與三流的落差。

這也是一種辨別商務品質優劣的訓練，不妨利用旅行度假之便，讓孩子輕鬆體驗。

第六章

創業家培訓課程 6

多讓孩子觀察

利用一流服務來琢磨品味

我們都以眼見為憑，逐漸習慣眼前狀況而改變原本的標準。

可是，意識到這種狀況的人卻不多。

大家都想改變人生、當人生勝利組，但活了幾十年卻還在原地踏步，根本原因就出在沒有機會見識過上流社會。眼界未開之前，再能幹也枉然。沒見過，就無法模仿。

要我說好聽話的沒用，我也不怕你批評，我要說的真相是，你住在哪裡，由你的收入決定，收入高的人住在富裕區，收入低的人住在貧窮區。

在日本，這種差異不那麼明顯，但在國外，有「富豪區」與「貧民區」之別是很正常的。

許多國家都有階級制度，而且涇渭分明，各地區不但房租不同，連水電費、食品價格均有顯著的落差。

這在貧富差異不大的日本是無法想像的事。在日本，你不會看到連鎖超市販賣的洋蔥、牛奶等價格因所在地區不同而有價差。

但在國外，常常讓人以為：「某地區牛奶賣得比較便宜，是不是賞味期限快到了？」、「是不是把昂貴地區賣剩下的牛奶送到便宜地區去賣？」但其實不然。如果敢這麼做，住在「貧民區」的人一定會起來暴動，控訴侵害人權。國外很重視人權的。

同樣商品價格卻是不同的。同樣是洋蔥，上架狀態多少有差，例如有的會洗得乾乾淨淨，有的則會沾滿泥巴，但只會是這種程度的差別，商品本身的品質不變。

即使是「貧民區」開店，掛上看板，就不會背叛顧客的期待。換句話說，店家的開設地點有差，但絕不會自砸招牌。

另一方面，「富豪區」的人不會因為「比較便宜」就到「貧民區」的超市去購物。國外的治安不像日本這麼好，他們知道一旦去外地迷了路，很可能遇上強盜，非常危險。

因此，在國外，「富豪區」居民不會去「貧民區」，「貧民區」居民不會去「富豪區」，彼此不會跨越界線一步。

國外的地區差異就是這麼大，但在日本，這種情況不嚴重，因此人人都可自由來去。

你想要奢侈一下，到多半是富人去的場所（五星級酒店或高檔餐廳）就行了；希望日後家人能過更好的生活，就帶小孩去平常不會去的地方見識見識。

有人會問：「那些大人去的地方，不會讓小朋友去吧？」別擔心，只要年滿十歲就沒問題。

其實，應該讓孩子越早接觸高所得人士進出的場所越好，讓他們從小熟悉富裕圈。

人是易受環境影響、隨時間而日漸習慣的動物。

小朋友初到陌生環境，可能會大感驚奇、激動，或是不安。其實大人也一樣，也會緊張、誠惶誠恐。但是，若一輩子都待在舒適圈，不可能扭轉人生。為了扭轉孩子的未來，請勇敢前往高檔的場所。

起初帶點恐懼是正常的。建議你可以找熟悉那些場所的朋友一起在咖啡廳喝下午茶，也可以在飯店享用一下午餐。

在那裡，你平常接觸不到的人會優雅地迎接你，讓你享受頂規待遇。這種經驗將一次次琢磨你的品味，提升你的眼光，增長你的氣質。

重點是，**將標準定在一流等級**，那麼你的品味自然能慢慢提升，進而改變你自己。

透過觀察，培養關心別人的能力

你想過「一流」這件事嗎？

「收入」、「實績」、「知識」、「品格」等……

可以聯想的東西很多，但到底什麼才是一流呢？見仁見智。以「收入」來說，一億日圓算一流嗎？或是一百億日圓才算？用財產多寡實難斷定。有人收入一千萬日圓不滿足，也有很多人認為一千萬日圓就是一流了。

其次，值得驕傲的「實績」又是如何呢？

如果你榮獲眾所皆知的諾貝爾獎，那麼你的實績沒話說，只不過，大部分人的實績從外在看不出來，不會知道究竟有多厲害。實績這種東西，有時必須為人所知才會產生價值。

此外，「知識」很重要，但「知識」不能當飯吃，若無法將知識化成「智慧」並善加利用，頂多就是個「雜學王」。那麼，只要知道最基本的規則，當成生活禮儀須知就夠了吧。

至於「品格」呢？

這也不例外，「品格」是散發出來的，既無具體的測量方式，也無形無狀，難以判斷。

這麼一想，到底怎樣的人才會被公認是「一流」呢？

「關心」、**「體貼」**別人的人。這兩項特質就能讓你躋身一流之列。

有人會問：「關心和體貼跟做生意有什麼關係？」關係可大了。我要說，**能夠關心、體貼別人的人，才能夠成為業界的頂尖人物。**

商務的根本是溝通。為此，你必須學會「關心」、「體貼」對方，因為商務的一切盡在其中。

你想縱橫商場，提升人生等級的話，「關心」、「體貼」將是成功與否的重要關鍵。

記住這點，才有可能在商務世界登上一流寶座。

那麼，如何才能學會「關心」、「體貼」這兩項成為一流的必備條件呢？

想成為一流人，就向一流人學習。

話雖如此，想在商務世界中找到「關心」、「體貼」達人還真是不容易（粗魯的人太多了），因此我建議向每天都在實踐、研究「關心」、「體貼」的人學習。

例如，在五星級酒店「行政酒廊」工作的員工。或許有人第一次聽到「行政酒廊」，我就簡單說明一下，這是高級酒店專為高級會員準備的共用空間。在這裡，除了可以辦理入住、退房手續外，也能「免費」享受餐點及其他各項禮賓服務。

多叫人羨慕啊！但從服務人員的立場來看，不難理解他們工作時多麼繃緊神經。

為什麼？因為這些客人，都是一年在這裡消費一千萬日圓以上（依飯店而不同）的富豪，可說是飯店重要的衣食父母，而且多半不容妥協。

當然，這些富豪的收入也非比尋常，起碼以「億」為單位，因此，在行政酒廊工作的人員必須做好「關心」與「體貼」，萬一出差錯，他們的經理就會被叫去了。

因為服務對象都是上流人士，他們受到的訓練也比一般服務人員嚴格許多。

觀察這些人員的行為，可以學到如何「關心」、「體貼」別人。

體驗一流的服務，從中學習

凱悅酒店於全球六十五個國家均有分店，我本身就是他們的頂級會員（Hyatt Globalist），我必須說，他們的素質及服務品質絕對是一流的。

尤其，行政酒廊的服務人員都認得每一位客戶，記住每一位客戶的名字。光是這樣，或許還不能表達出他們的優異之處，因此我分享一則我的個人經驗。

我搭某位老師的車（我坐在副駕駛座）到達東京的凱悅酒店。

我一下車，服務人員立即打內線通報：「船山先生到了。」

連我都嚇了一跳。

如果我是搭自己的車，車牌號碼已經登錄在酒店的會員資料中，那麼我一到達，工作人員便立即通報，那還能理解，但我是搭老師的車，他們不可能知道我要到酒店去（老師也不住酒店，我們討論完事情後，他就離開了）。但是，服務人員居然一看到我就笑容可掬地寒暄，並打內線通知相關人員。

能做到如此完美的服務，真不愧是凱悅酒店。然後，我到頂級會員專用的行政酒廊後，根本不必經過櫃檯，服務人員就直接帶我到客房。

太不可思議了，詢問之下，才知道能獲得這種服務的，僅止於頂級會員中的少數貴賓；只要能成為頂級中的頂級，就能在客房中辦理入住手續。

也算是「由奢入儉難」吧，一旦享受過如此尊榮的服務，哪還會去住其他飯店呢？

享受這種服務越多次，越能發覺到「關心」、「體貼」的了不起，於是我每次都想，一定要讓孩子親身經歷這種體驗。

體驗過酒店的尊榮服務後，我開始慎重思考如何為顧客提供更優質的服務，也將這種想法分享給我的孩子。

應該不少人現在才知道，飯店對頂級會員提供的服務是完全不同規格的。

當然，你會說：「羊毛出在羊身上。」但我要強調的是，飯店、飛機等提供的五星級服務，共通點就是對頂級會員提供無微不至的呵護、盡善盡美的服務。

特別是從二〇一八年起，這種趨勢益發顯著，成為頂級會員的條件更嚴格，但服務也更升級了。可以想見，未來會更加速兩極化。

沒辦法，這是世界潮流，只要成為頂級會員，便有很多機會體驗國際級的企業服務。我不是要你非成為頂級會員不可，**我的建議是，很多飯店會開放商務套房的房客使用行政酒廊，因此，你可以當成對未來的一種投資，帶孩子去體驗行政酒廊的尊榮服務吧。**

只要將它視為教育的一環，絕對不貴。

請讓希望無限的孩子去體驗一流服務，為將來的事業做準備。況且，還可因此拓展視野……

他們一定會大呼：「哇！竟然能這樣！」

要成就孩子或限制孩子的發展，就看父母用錢的態度了。

以下是國際東京凱悅酒店客務部經理分享如何關心、體貼客人。

「客人的需求不會一模一樣，因此要隨時思考並提供各種選項。

「不能有先入為主的觀念，『這位是這樣的人』、『那位想要的是那樣』之類的認定，這種方式不適用於接待客人，應該抱持更寬廣的視野才行。

「此外，不能期待客人記得你，必須『自己先記住客人』，換句話說，應當自己先採取行動。」

這位經理又說：「總而言之，第六感還不夠，要善用到第七感，感受客人的需要。自己先把客人的需求想一遍，體會一下，但不能下結論。然後，不等客人開口，自己先主動積極配合。」

一流飯店服務人員體貼、款待客人的祕訣

1. 答案不會只有一個＝應該準備各種選項。
2. 不要有先入為主的觀念。
3. 不要認為客人會記住你，應該自己主動關心、體貼客人，讓他能夠記住你。

（出處：https://gakumado.mynavi.jp/freshers）

從類似的事物開始聯想，培養創造力

讓孩子看見了不起的事物，提高他做判斷的標準值後，接下來就是和他玩「聯想」遊戲。

我在〈前言〉中提到我大兒子雷姆的一則小故事，他之所以會有賣新鮮果汁的獨創性構想，不是他原本腦海中就潛藏著這個創意，而是我故意安排，讓他在泰國的凱悅飯店喝到新鮮美味的果汁。

很多人對「創意」有所誤解。

生活在今天這個時代，從零發想出創意是不可能的，我們眼前所見的一切，都是複製、模仿來的。

明白這點，要發想出創意就簡單了。

多看、多接觸、多體驗、多輸入腦中，一旦有需要時，便能從大腦中汲取最適當的訊息。

我大兒子雷姆做的事，說穿了就是如此而已。

不過，他的厲害之處，是他開始學會在適當時機召喚出沉眠於腦中的資訊，創造出價值。

這正是從商獲利的祕訣。

商業的根本是找出「差異」。

「價格」、「人事費用」、「資訊速度」等的差異……

具體而言，例如，在日本製造，然後在美國銷售，賺取利差；雇用亞洲的便宜勞工以節省人事成本等等。

從這個觀點來看，雷姆採取的是「資訊差異」戰略。同樣的商品，只要換到其他地方銷售，依然能保有新鮮感，吸引當地客人。

換句話說，不同環境的客人，對某件商品的「欲求不滿」（frustration）程度自然不同。

能夠掌握這項要點，賺錢就容易了。

因為，**「欲求不滿程度＝銷售規模大小」**。

不過，在沒有需求的地方（沒有競爭對手之處）做生意是不可能賺錢的，這點須注意。

了解後，你應該做一件事。

讓孩子玩「尋找相似事物」的遊戲。

藉由尋找外觀相似或者形式相仿的事物，可加速成功的到來，縮短耗費的時間。

也許各位還是無法想像，我就分享一個具體案例。

我辭掉工作自行創業後，發覺到一件事。

那就是：「各行各業都一樣，可以把一種行業看成一家企業，因為它們很類似。」

且聽我詳細說明。

很多人，具體地說，創業失敗的人，通常認為他們當上老闆後，必須身先士卒，凡事親力親為，吹毛求疵。但是，沒有這種貂人的。這種經營者在有所成就之前，已經陣亡了。

但是，能在短期間獲得成功的人就不一樣。

在創業世界中，就跟在一般企業一樣，都有所謂的升遷賽跑，和上面的人打好交道是升遷的捷徑。

企業規模越大，越有派系之分。

有些是董事長派 vs 副董派，有些是山田派 vs 鈴木派。

名稱及形態或有不同，無論如何，跟了哪個派系，決定你的未來（能否出人頭地）。

創業世界也一樣。

創業世界其實就像一家大型企業，我們以單一的業界來看，每個人的頭銜（即便是董事長），都可以像大型企業般區分為不同職別，有人是董事長、董事，有人是經理、課長、主任，甚至是一般小職員。

當然，如果從事的是副業，那麼連正式小職員都稱不上，只能算打工。

而你屬於哪個階級，就要看你公司的銷售規模、客戶數（客戶名冊中的人數）、知名度等來決定。業界之間都會互相來往，想要躋身業界高層，就要獲得現階段最有力人士的支持，例如相當於業界董事長或董事等級的人。

否則，靠一己之力不可能成功。

換成一般的公司來看，就更容易理解了。

「我是一匹孤狼，和這家公司完全沒交集，即便沒人幫我，我也要坐上董事長寶座。」這是痴人說夢。

沒有董事、高層的支持，不可能榮登董事長寶座。

因此，所有上班族都在為出路而慎選派系，創業家的世界其實和這種情況差不多。

無人相助，無法成功。人生有限，想及早獲得成功，改變人生的話，就想辦法與業界的權威人士攀上關係，取得最大的奧援。

做到這點，等於保證了你的未來。

模仿優秀的榜樣，你的能力才能發揮效果

很快獲得成功的人，以及再怎麼努力也與成功無緣的人，兩者差別在哪？差在**「模仿」**。

簡單說，差別就在模仿什麼、模仿誰。

不是胡亂模仿一通就好。

再怎麼努力都無法成功的人，往往搞不清楚對方有無實績（有無數字可證明）就拿來參考（加以模仿），自然苦嘆諸事不順。

模仿一個做不出成果的人，當然創造不出實績。

或許有人會問：「真有那樣的糊塗蛋嗎？」展覽會上就有很多那樣的糊塗蛋，不，都是那樣的糊塗蛋。

展覽會是一群對集客沒自信的商家所聚集的場所，用CP值來看，太不划算了。

有些人誤以為集客就是把人聚集起來，人潮等於商機。然而，人潮不能帶來商機的原因，就出在他們根本不懂潛在客戶（可能付錢的人）的概念。

結果就是，人潮換不到錢潮。面對不可能購買商品的冷漠客人，任憑你再說破嘴，他還是不會買單的。

消費者是不會去逛展覽會。

會去的都是供貨給消費者的供應商、製造商。若能掌握這個觀點，拿到訂單的機率就提高了。

為什麼？因為提供給消費者的商品簡介，和提供給供應商的商品簡介，本來內容就不一樣。

如果能像我這樣，依序逐一說明的話，或許人家還能理解，但是，去參展的商家都沒細心到這種程度。

因此，參加展覽會的企業一大半都撐不下去，陸續消失。在那種地方拿到競爭對手的商品簡介或傳單，也跟拿到垃圾沒兩樣。

我這麼說應該會惹惱很多人，但什麼是商品展示促銷呢？不能拿到訂單，一點意義也沒有。

那些商品簡介、傳單，只在說明公司概要、商品內容而已，對拿下訂單毫無貢獻。

這種廣告，只是浪費紙張罷了。

那麼，為什麼這麼多企業都拿其他企業的簡介來參考、模仿呢？

因為他們完全沒去思考該商品賣得好不好，只憑外觀設計就下判斷，就做下去了。

這是展覽會上常有的事，或許你也有經驗。那麼，我請教你：

「連人家有沒有拿到訂單都不知道，你就一味模仿，這樣就能拿到訂單嗎？」

可能性雖非零，但很難吧……頭腦正常的人都會這麼回答。

我再請教一個問題：

「一個完全賣不出去的東西，你模仿了以後，就賣得出去嗎？」

除非你青出於藍，否則答案應該是「不可能」。這點連小學生都知道。

然而，大人在製作商品簡介、傳單時，卻全然不考慮這些問題就花數百萬日圓做下去，不是無能，就是白目。

否則，不會做這種無謂的投資。

很多公司甚至不知道自己把錢花在無意義的事情上。

話說回來，模仿這件事本身並非不好。迅速獲得成功的人，都明白應該模仿什麼，而且追求成功的速度（快速達成目標）。

他們在模仿之際，會先徹底調查，嚴選模仿對象。

因為他們知道，模仿對象將決定成功與否。

成功者只會跟成功者交往，而且勤於交換資訊。如果你手上沒有任何資訊就做起生意，那鐵定是一種自殺行為。

做生意得先拿出人事費用、廣告費用等經費。想赤手空拳與勁敵交戰，令人毛骨悚然。你應該知道，沒有任何資訊就去做生意，有多麼危險。

你在教孩子從商時（或是讓他去學習），務必徹底嚴選最佳資訊，仔細思量。

為什麼？因為孩子大腦接收到的資訊「品質」，將左右他的未來。

請注意，千萬不要被網路上一些不知道作者是誰的免費資訊給洗腦了，這是自取滅亡，如果因此損失慘重也只能吃悶虧，投訴無門。

網路是個自由廣場，人人皆能發表意見。很多人將二手資訊、三手資訊當成自己的資訊般複製、貼上，導致網路上充斥著被洗過太多次的乏味訊息。

難怪令人迷惑、混亂，最後被亂七八糟的資訊大浪給吞噬了。

如果你真要用網路上的資訊，請睜大眼睛找到可信賴的人，才能獲得有價值的資訊。

更重要的是，如果你找到了正確資訊，請好好付費接受服務。這樣做，不但對方要負責任，你也會有把本錢賺回來的意志而更認真請教。

金錢是價值的一種表現形式。

從這個觀點來看，付錢絕非壞事。你會換得價值。

不付錢（小氣）這件事，換個說法，就是在收集垃圾（沒有價值的資訊）。

你想提早一天成功的話，請不要再用那些「免費」資訊。

第七章

創業家培訓課程 7

多讓孩子實踐

用遊戲的心情，讓語言創造未來

最厲害的做生意方式，就是邊玩邊賺到錢。不是你去賺錢，而是**「財源自然滾滾來」**。達到這種境界的人，不但無一絲絲壓力，還會玩得很開心，然後錢財不斷泉湧而來。

如果你能在孩子還小的時候便達到這種經濟狀態，那麼，你的孩子會覺得做生意很好玩，不像是在工作。

其實，工作不該讓人煩躁的。

人生有大半時間都花在工作上，因此，要把時間浪費在討厭的事情上，或是美好的事情上，就足以改變人生的意義與價值。

有人會說：「工作哪有那麼容易！」如果你選擇的是非你所愛又難熬的工作，當然開心不起來，而且會被過度壓力擊垮而想逃。

但是，工作是可以選擇的。若能及早（幼少年階段）培養孩子對商務的正確想法，日後他定能遇上得以發揮強項（天賦）的工作。

怎麼做？就是：**「運用語言的模擬體驗」**。

我們家的創業家教育內容之一，是讓孩子玩一種**「為公司取名字」**的遊戲。

我家大兒子雷姆為他的公司取名「R公司」，因為他的英文名字是「Rem」，就以首字來命名。

像這樣，光是取公司名稱，便有自己當上董事長的感覺，不但好玩，還能培養商務素養。

妹妹麗拉更證明這項遊戲的效果。

起初，麗拉還小，因此當副董事長，但她越來越不喜歡聽命於哥哥，最近便吵著說：「我要當董事長。」

妹妹麗拉還沒有為自己的公司取名字，但她似乎已經意識到，只要繼續當副董事長，一輩子都得乖乖聽哥哥的指令，不能自己作主。

看出來了吧，語言的力量非常大。

為公司取名字後，就可以自己決定公司的組織架構，由自己當董事長，派妹妹當副董事長。如果不喜歡這種組織方式，就自己開公司，當董事長。

恐怕上班族都不會有這種發想。

不喜歡公司的話，上班族想到的是「跳槽」，而非「獨立創業」。

但是，只要不斷跳槽，不滿就會不斷襲來，最後變成搞不清楚自己到底想做什麼。

豈止如此，新公司那些礙眼的上司老是作威作福，逼得你為確保工作而疲於奔命，不得不再次跳槽。這種案例太多了。

若是這樣，根本談不上活出自己的人生。究竟，你是為何而活呢？

身為父母，你想讓你的孩子繼續過這種上班族人生嗎？

我不想。

為了斬斷這種惡性循環，我自己創業，爭取自由的人生。

因為，我不認為這是我自己的問題，它同時深深影響了孩子的未來（人生選項）。

在上班族家庭長大的人，多半成為上班族。

創業家的家庭，則會培養出創業家。

如果你對上班族這種工作方式存疑，建議你盡早以創業家為目標。否則，你的小孩也只會是上班族。

當然，如果你的內心深處覺得當上班族非常棒，上班族人生無可挑剔，就沒必要去創業。

不過，時代在變。上班族獲得稱讚、歌頌，是泡沫經濟以前的事了。

你應該很清楚才對，泡沫破裂後，豈止淒慘兩字可形容。

因此，請在孩子還小的時候，告訴他有「創業」這個選項，然後具體地「透過語言」訓練他當董事長。這種小小練習，將為他開拓未來豐富的選項。

先有語言，才有現實。語言能夠創造世界

現在，我家兩個孩子都認為「當董事長」是理所當然的。讓他們觀念改變的契機，是我大兒子雷姆八歲生日的時候。

當時我們住在馬來西亞，我帶他們去泰國度假兼慶生*。

我們體驗了騎大象、逛水上市場，在飯店的游泳池玩，開心極了，但到了某間寺院時，雷姆的表情變了。

他很認真地許願……

出於好奇，我問他許了什麼心願。才剛滿八歲的雷姆說：

*這段影片已放在網路上，網址：

「我向神明祈求讓我成為有錢人！」

我馬上告訴他：「這樣的話，你得當上董事長才行啊！」

就是這個時候，雷姆說：「我要當董事長。」

我不知道雷姆還記不記得這件事，但我覺得從這一天起，雷姆想當董事長的念頭就已經確立了。

之後，他還煞有介事地老說自己是董事長，甚至常常開發新產品。

孩子在這個階段，我們不知道他們將來會成為什麼樣的人，但重要的是，我們要讓他有所自覺，**讓他常常說一些立志的話**，換個角度說，就是讓他自我洗腦。

有些人會把夢想寫下來，時時提醒自己，而無法實現夢想的人，常常是因為連寫都忘了寫。

這樣當然不可能美夢成真。

但是，如果常把夢想掛在嘴邊，並告訴許多人，實現夢想的機率就大增了。

為什麼？因為最常聽見該夢想的人，就是自己。

自己是最常聆聽自己夢想的人。

跟一百個人說夢想，自己便聆聽一百次。

跟一千個人說夢想，自己便聆聽一千次。

聽這麼多次肯定忘不了，自然容易實現。

如此聆聽自己說的話，那力量是相當強大的。

再怎麼頑固的人，聽過一百次後，多半會被洗腦，更何況是聽自己說的話，不會有人懷疑自己的。

我就有這種親身體驗。

我在創業當時，雖然沒有任何跡象，我依然對人家說：「五年後，我會在國外當老闆，發展自己的事業。」

凡是我遇到的人，不論身分地位，我都對他們訴說我的夢想。

如今七年過去了，我和家人一起住在加拿大，並且自己創業當老闆。我認為這是創業當時不斷自我洗腦而完成的夢想。

不過，這個夢想無法一人獨自完成。

要讓周圍的人知道你的夢想，然後善用這些人的力量。

以我的狀況來說，我最親近的聽眾，我的妻子，她就受到很大的影響。

有一天，她突然說，有一場馬來西亞教育移民講座，問我要不要一起去。當下我真的冒出冷汗。

冷靜想想，妻子之所以找我去，就是因為我常對她說出我的夢想。

於是，我後悔自己幹麼說出：「我要住在國外，而且要當上老闆。」這種話，但後來我又跟自己說：「有時，人生還是需要藉外力來強迫改變。」並帶著忐忑不安的心情參加講座。

如今，我好感恩妻子適時推了膽小鬼的我一把。

像這樣，常常說出口的人生夢想會成真，會成為帶動身邊人的原動力。若你心中有希望實現但尚未實現的夢想，請大方說出來。

即便得不到別人的支援，但你自己就是最常聽見自己夢想的人、最受到影響的人，只要不斷對自己洗腦，加強實現夢想的力道，那麼實現機率肯定大大提升。請讓你的孩子也多多訴說自己的夢想吧。

讓孩子實際製作商品，感受成果

雷姆常常玩**「製造商品」**的遊戲。

當然，他還小，不可能做出了不起的東西，也不會實際銷售出去；重點是透過這種遊戲來**排除時間、勞動的概念**。

不論是不是遊戲，製造商品這件事，就能去掉上班族式的思考。上班族是幫人代工，以時間、勞力換取對價，以薪水的形式獲得收入，但創業家不一樣。

由於是製造商品，再將商品等價交換，獲取報酬，因此時間、勞動，和收入沒有直接關係。「只要製造出商品，便能產生對價而有收入。」這就是創業家的想法。將這種想法應用於孩子的日常遊戲中，就是在實踐創業家教育了。

還有一點。

製造商品能教我們一件重要的事，讓我們受用不盡。

那就是：**「結束的重要性」**。

這也是上班族不會有的想法。

上班族是代工，整個上班生涯就是綿綿無止境地代工再代工；直到退休，縱然職位有所改變，代工的業務不會消失。

換句話說，上班族的工作就是接力代工，代到退休。

創業家就不同。

以企業為單位所從事的商業活動，一定有「結束」的時候。

例如，寫這本書就有寫完的時候。

寫書期間非常辛苦，有時寫到廢寢忘食，但只要書寫完成，之後不論賣多少本，都不會再占據作者的時間。

寫一本書所付出的勞力會掀起浪潮，推送許多讀者前來閱讀。

這就是我說的「製造商品」。商品完成後，事情就結束了。

讓孩子從小透過遊戲了解製造商品的狀況，學習什麼時候工作，什麼時候休息。

工作時，可以投入到渾然忘我，做完後，可以去泡湯好好放鬆。正因為如此，創業家才能夠自由調配時間，擁有自由人生。

典型的做法就是設定期限，然後全力衝刺。

只要想像每年的歲末年終就不難理解了。一到歲末年終，為了不將工作拖到翌年，一定會拚命如期完成。我的話，我是每月衝刺一次。

我與家人一起住在加拿大，每個月會回日本一次，與會員進行讀書會，上電視錄影、上廣播錄音，還會接受各大雜誌採訪。

由於停留日本的時間有限，我的行程總是排得很滿、很緊湊，並且全力以赴、全力衝刺。

這裡有個祕密。我將「帕金森定律」（Parkinson's law）應用到商務上。

可能有些讀者第一次聽到「帕金森定律」，容我略作說明。一九五八年，英國歷史學家兼政治學家西里爾・諾斯古德・帕金森（Cyril Northcote Parkinson）

提出這項定律：「在工作能夠完成的時限內，工作量會一直增加，直到所有可用時間都被填充為止」、「在預算之內，支出的需求會一直增加，直到所有資源被用完為止」。

如果還是不明白，那就換個方式說：「設定期限，可以讓能力在期限內極大化。」因此，我設定一個逼自己全力衝刺的期間，將能力發揮到淋漓盡致。定下逼自己做最後衝刺的時間，就能在緊張感中提升效率。這麼一來，沉睡於我內心中的那位超人被喚醒，我便能做出最棒、最高效率的表現。

我在短時間內完成所有工作，回到加拿大後，就能優哉游哉地放鬆休息了。也可以說，正因為必須在期限內回加拿大，才能夠發揮這種不眠不休的效率。

務必讓孩子跟上潮流，捨棄老舊價值觀

做生意要看準「時機」。

同一商品，上市的時間不對，銷量將減半，搞不好還完全滯銷。豈止如此，進了一些貨，如果賣不掉就堆在倉庫裡，造成負債。這樣做生意是何苦來哉，不如不做。

時機是決定生意成不成的重要「關鍵」。那麼該如何掌握這項關鍵呢？答案是：對潮流保持敏銳度，「當個趕流行的人」。

恐怕有不少人嗤之以鼻：「趕流行？搞什麼嘛，我才不要咧！」要有敏銳的眼光才能洞悉潮流趨勢。只要能比別人更早掌握潮流所趨，商場菜鳥也能獲得爆炸性的成功。

以下例子雖然不太好，但可以作為一種指標。

新冠肺炎肆虐之際，有一種叫做「膠質銀」（colloidal silver）的商品蔚為話

題。

簡單說，這是一種將銀做成膠質狀（微粒子）來提升殺菌效果的商品。這種商品可以在美國的購物網站買到，一個五百日圓左右，因為新冠肺炎的關係，一夕之間成為熱門商品，不到三個月，售價飆至一個七千日圓。

我不會做這門生意。但我想強調的重點是，做生意的眼光，就是要在發生某種事件、活動時洞燭機先，比別人更早看到潮流的火苗。

只要稍微錯過時機，很可能賺不到錢，甚至大虧一筆。何時採購、何時開賣，關係著成敗。

很多人之所以賺不到錢，就是不敢投入沒人在做的事，以致錯失良機。

「因為沒人在做，想再觀望一下……」

不少人都有這種經驗吧。這種人錯失良機只是剛好而已。

做生意就要看準時機，不領先於人，怎麼可能獲利在先。

大家都說：「夢想是拿來做的，不會實現。」這種人一輩子都休想改變人生。

並非他們賺不到該賺的錢，而是他們年輕時錯失了先機。

機會跟登山一樣，品質與規模會隨高度而改變。

大好良機不會降臨到才剛開始、一無所有的人身上。

人人在最初階段，所碰到的機會都很小。

但是，珍惜這個小機會並努力做出實績，機會使會接踵而來。

掌握第一次機會，將為你日後人生帶來更多、史大的機會。

十歲拿到第一次機會？

七十歲拿到第一次機會？

即便是同樣的機會，之後的影響也將大不同。

站在給予機會者的立場便能理解，給一個什麼都沒有的人機會，要冒多大的險啊！

為什麼？因為給予機會者也有生意考量，給不給機會關乎他的成功與否，給誰機會關乎他之後的人生。

因此，**期望機會降臨的人，必須動作快**。越快越好。

若老是猶豫：「現在還不是時候。」五年、十年轉眼就過了。這點，你應該有經驗才對，因此不論機會大小，請立即挑戰看看。為了孩子，你也應該這麼做。

孩子默默注視著父母的背影。

裹足不前，拿家人當藉口的無力背影。

當機立斷，為家人勇往直前的酷帥背影。

你想讓孩子看到什麼樣的背影呢？

若能及時拿出勇氣，抓住第一次機會，你的人生軌道將就此改變。

你會一次一次善用機會，做出實績，然後迎接下一個希望的到來。

不要讓孩子做例行性作業！讓孩子專心享受創造所帶來的喜悅

我的大兒子雷姆經常利用紙張做出各式各樣的商品。

主要是電腦、手機、筆電等電子產品。

這些都是他的「R公司」的主力商品。

當然，目前都只是用紙張做出來的，不能夠銷售賺錢，但重要的是，他因此感受到創造商品的喜悅。

你必須知道，**日常性作業換不到錢**。

我已經說過很多次了，為什麼我要如此再三提醒呢？因為人們很容易被日常習慣拉回去。

搞不好有人將本書放回書架的那一刻起，立馬打回原形，恢復成「作業員」模式。試想，如果你的小孩模仿你的這個壞習慣，小孩的潛能不就毀在你手上。

日常性作業，說到底，還是日常性作業。

即便身為醫師，從事權威的工作，只要是日常性作業，就會失去自由，收入有限。

我的客戶中也有許多醫師，據說，他們的年收入或許比其他行業高一點，但換算時薪的話，其實與一般上班族差不了多少。

每天上班八小時的上班族，年收入是五百萬到八百萬日圓。每天上班十六小時的受雇醫師，年收入是一千二百萬到一千五百萬日圓。

看起來，受雇醫師等於是做兩人份的工作，應該忙得連花錢的時間都沒有吧。

因此，千萬別讓孩子去當醫生、律師，這類行業過去雖是身分地位的象徵，但其實報酬沒有你想像中的好。

有錢沒時間花，無異窮得只剩下錢，反之，閒得發慌卻沒錢，就跟尼特族沒兩樣。

這樣的人生有何樂趣可言，徒然虛度光陰罷了。

一來為避免淪落至此，二來，**為因應時代所需，你必須選擇「自己的人生」**。

或許有人會說：「我已經在過我的人生了。」真的嗎？你會不會錯以為上班族的人生就是自己的人生？

那不叫自己的人生。

證據是你退休後無事可做，過著茫然不知所以的日子，一天難過一天。

活出「自己的人生」，就不會這樣。

他們退休後仍做自己喜歡的事，享受人生，並且持續挑戰不懈，不因年齡而中斷。

這種人不論活到幾歲都在發光發熱，成為家人的希望。

但是，上班族要實踐這種生活，可說越來越難了。

為什麼？因為我們可以預見，在無退休金且年金正在遞減的今天，縱然退休後想做有興趣的事，要是身上沒錢，人生依然是黑白的。

不但活著是受罪，臨死那一刻也是慘慘淒淒。

我們的孩子將正式迎接人生可活到一百歲的時代，為了他們的將來，請現在

就培養他們當一個沒有退休限制的創業家，為他們準備每天都充滿快樂、刺激的生活。

怎麼做呢？就是本書的主旨「**創業家教育**」。

讓孩子不斷製造商品，告訴他們從商的樂趣。

特別是小孩子都能夠熱情、忘我地投入「製作」東西。

大人不該硬生生剝奪孩子的這項樂趣。

然而，很多人過著上班族生活，於是不知不覺中，扼殺了孩子自主製造東西的樂趣。但，還來得及，只要你以孩子享受這種樂趣為優先，就能協助他的未來開花結果。

為了不阻斷孩子發展潛能，站在教育立場的父母就該掌握世界潮流，不被既定的刻板觀念所束縛。

以過去作為延長的線，不會有未來。

過去所建立的觀念、常識，這幾年已經崩壞了，必須重新建立新觀念、新常識才行。

怎麼做？就是活在現在，創造孩子的未來。

突然改變人生軌道，需要極大的勇氣。盲目地橫衝直撞，只會撞得頭破血流而已。你要質疑既定的常識，拿出改變的勇氣。

這份勇氣，將是孩子的希望。

那麼，今天，作為人生重要的第一步，你要從何開始呢？

結語

讓孩子看見又帥又酷的背影!!

二〇〇九年十月九日二十二時二十分。我家大兒子雷姆出生。

第一眼我嚇了一跳，因為長得跟我一模一樣。

「你們是父子，當然長得一模一樣啊！」可是，我一直以為「男生會長得像媽媽」，根本沒想到會是像我。

那份衝擊之大，就像被敲了一棒。

這件事讓我生起想要再次挑戰人生的念頭。同時，「想要讓孩子看見我這個老爸又帥又酷的身影。」

如今過了十年。

我順利如願創業，也成為作家，出了十本書。

回想起來，要不是雷姆誕生在我們家，一向膽小的我不可能創業，肯定至今還擺脫不了上班族人生。

因此，我很感恩雷姆，很想對他說：「謝謝你帶給我勇氣。」

不過，我的夢想不止如此。

我還想和兒子雷姆、女兒麗拉一起創業，挑戰世界舞台。

於是，我帶著孩子一起在國外生活，讓他們接受國際教育，我計畫讓他們從事不分日本、國外的無國界商業活動。

今天，搭飛機就像搭計程車般方便了。

如果再分日本、美國、新加坡，肯定錯失商機。

只要身在日本國內便知道，不會有人區分東京、青森、九州，因為商業不存在縣境。

道理是一樣的。

尤其近年來網路普及與全球化的推進，早就超越國界了，時代確實正朝著同一方向前進。

回顧日本過往歷史，從前國內紛擾不斷，各方勢力都在爭奪霸權。但現在不一樣了。文明發達後，日本統一，並且躍居世界強國。因此，若說全球終將統一，也不是不可能的。

為什麼？因為科學發達促進文明進步，感覺世界近在咫尺，人人都有地球人意識。

於是，虛擬貨幣出來了，全球通用的電腦、手機出來了。放眼海外的人，都有一個「先見之明」。

十多年前，大家普遍認為「到東京發展＝成功的踏板」，今天到東京發展是理所當然的，留在鄉下的比例較少。

這種情況今後會在國外發生。

光在日本發展事業無法獲利的時代，必將來臨。

或許我說得太嚴苛，以經濟規模來說，到時候東京就像現在日本的鄉下，待在日本的大都市（東京）也賺不到錢。

站在世界的觀點，東京不過是世界的一角。

只能賺得到生活費，與奢侈無緣。

當然，奢侈不是必要的，但我們看見東京以外的地區，好多商家都拉下鐵門，看不見希望。

再說，誰會讓自己的孩子過這種沒有夢想的生活呢？

因此，我們家早早就決定移居國外，讓孩子接受國際教育。

有人會說：「你有錢，你驕傲是嗎？」不是的。

沒錢的話，賺就好了。

我也不是有錢才到國外住，而是想讓孩子在國外接受最好的教育，於是自己創業賺錢。

因此，如果你嫉妒別人的成功，有時間說些酸言酸語，不如自行創業，為了孩子的將來而賺錢。正因為是今天這個時代，你才可以創立個人事業。

人生的方向盤掌握在自己手中。

・上班族人生

・創業家人生

哪一個比較好，你自己決定，但有件事千真萬確，這數十年間，日本已經變了。

如今，上班族人生已然崩壞，學校教育改變只是遲早的問題了。轉捩點就是「現在」。請開始對孩子實施創業家教育，放眼海外，才不會輸在起跑點上。

這是身為父母的重責大任，你的改變，正是拓展未來的契機。

激發出妙點子的祕訣

有一次，我們全家到紐約。

我不小心扭到腳，無法四處觀光。

為了讓腳休息兼購物，我們到一家大型服飾賣場。

但是，那裡有琳瑯滿目的服飾，卻連一張椅子都找不到，沒辦法，只好在裡面隨意逛逛。

二樓、三樓、四樓、五樓。

全無椅子蹤影。

但我太太還在開心血拚，我不能走人。

於是，大兒子雷姆說了一句很有意思的話：

「爸爸，我們去賣鞋子的地方。」

我一頭霧水地跟著雷姆走，發現鞋子專櫃區擺著無數張椅子。明明之前怎麼找都找不到的……

他應該是想起之前的經驗：「賣鞋子的地方有椅子。」進而聯想到這家大型服飾賣場裡或許也有。這個聯想宛如拼圖般在腦中拼湊起來了。

於是，我坐在那裡的椅子上，終於得以讓腳好好休息了。基本上，商業也是這樣的。

至今累積的各種經驗，會變成拼圖中的一片片小圖，然後在某個機緣的瞬間，互相連結成形。

想激發孩子想出妙點子，獲得商業上的成功，就要從小讓他們累積各式各樣的經驗。

附筆：給十歲的雷姆

爸爸此時在日本，為本書寫「結語」。

受到新冠疫情的影響，我無法於近日返回加拿大，但是，我正在為我們將來一起創業打基礎。

我們能有今天的生活，都要感謝十年前小姆（雷姆）來到爸爸身邊，帶給爸爸力量與勇氣。

否則，一向膽小怯弱的爸爸不可能有今天的成就。

因此，你的存在（誕生）對爸爸有重大的意義，是我創業的原動力。

如今，麗拉也加入，帶來我們三人一起創業的「新夢想」，真的很感謝你們。

不能回去加拿大，我非常想念你們。這段時間，我依然是你的鐵粉，一直期待看到「R公司」的新產品。如果將來我們能合力把這些產品銷售出去，那就太棒了。

二〇二〇年七月

創業精神，從10歲教起

創業老爸的7堂課，教出能專注、會思考、有創意的孩子

作者　船山哲
譯者　林美琪
主編　劉偉嘉
校對　魏秋綢
排版　謝宜欣
封面　萬勝安
社長　郭重興
發行人兼出版總監　曾大福
出版　真文化／遠足文化事業股份有限公司
發行　遠足文化事業股份有限公司
地址　231新北市新店區民權路108之2號9樓
電話　02-22181417
傳真　02-22181009
Email　service@bookrep.com.tw
郵撥帳號　19504465 遠足文化事業股份有限公司
客服專線　0800221029
法律顧問　華陽國際專利商標事務所　蘇文生律師
印刷　成陽印刷股份有限公司
初版　2021年2月
定價　320元
ISBN　978-986-99539-2-4

歡迎團體訂購，另有優惠，請洽業務部(02)22181-1417分機1124、1135

特別聲明：有關本書中的言論內容，不代表本公司／出版集團的立場及意見，由作者自行承擔文責。

國家圖書館出版品預行編目(CIP)資料

創業精神，從10歲教起：創業老爸的7堂課，教出能專注、會思考、有創意的孩子／船山哲作；林美琪譯. -- 初版. -- 新北市：真文化，遠足文化事業股份有限公司，2021.02
面；公分 --（認真職場；11）
譯自：10歳から始める！起業家になるための7つのレッスン
ISBN 978-986-99539-2-4（平裝）
1. 親職教育 2. 子女教育
528.2　　110000083